LA TERRE EN QUESTION

LA TERRE EN QUESTION

Une meilleure gouvernance foncière et une meilleure gestion de la rareté des terres peuvent-elles éviter une crise dans la région Moyen-Orient et Afrique du Nord ?

Anna Corsi et Harris Selod

GROUPE DE LA BANQUE MONDIALE

Table des matières

Avant-propos

Comment les pays de la région Moyen-Orient et Afrique du Nord (MENA) peuvent-ils faire en sorte que leurs terres dont les superficies sont de plus en plus limitées soient utilisées de manière efficace et équitable au profit des générations actuelles et futures ? Les auteurs de l'ouvrage *La terre en question* répondent à cette question fondamentale. Ce faisant, ils détaillent les nombreux problèmes associés à la mauvaise gouvernance foncière dans la région ainsi que les risques qui se poseraient si ces problèmes ne sont pas résolus. Tout particulièrement, l'étude permet de mieux comprendre la position du droit et de la société à l'égard des terres, et donc de cerner de nombreuses autres questions importantes pour le développement de la région — la primauté du droit, les inégalités entre les femmes et les hommes, la contestabilité et la transparence, et le rôle de l'État dans la gestion foncière — et la manière dont ces questions peuvent être exploitées pour promouvoir — ou limiter — le développement social et économique.

Plus précisément, cette étude apporte un nouvel éclairage sur les approches adoptées par la région en matière de gestion et gouvernance foncières. S'appuyant sur de nouveaux travaux empiriques, le rapport recense et évalue les multiples façons dont les terres et le développement se recoupent, en particulier dans les domaines de la productivité agricole, du développement urbain, de la paix sociale, de la sécurité alimentaire et de la préservation de l'eau. Examinant les liens complexes entre ces problématiques, le rapport place la terre au cœur du dialogue sur le développement en expliquant les différentes connexions et en offrant aux décideurs un cadre pragmatique pour comprendre et résoudre les problèmes fonciers. J'invite les universitaires et les responsables politiques à lire attentivement cet ouvrage important.

La terre en question décrit également les moyens par lesquels des problèmes tenaces qui ont trait au cadre juridique et institutionnel et à la gouvernance limitent l'accès à la terre et son utilisation efficace, ce qui exacerbe d'autres grands défis du développement. L'absence de cadres juridiques et institutionnels efficaces pour protéger la propriété foncière et assurer la sécurité foncière amplifie également les disparités sociales dans la région. En particulier, des lacunes juridiques privent souvent les femmes de leurs droits à la terre et à l'héritage, entraînant la perte d'actifs qui assureraient la stabilité financière pour elles et leurs enfants à la mort d'un mari ou d'un parent de sexe masculin.

Même face à ces défis, l'ouvrage *La terre en question* offre des pistes constructives pour aller de l'avant. Cependant, il ne sera pas facile de suivre ces pistes. À cet égard, les auteurs pointent des approches globales liées à une meilleure gestion des terres publiques et privées — des approches qui appellent à renforcer le rôle du secteur privé, à améliorer l'aménagement du territoire et la gestion du développement urbain, et à harmoniser les cadres juridiques et institutionnels découlant de décennies de changement politique, entre autres. Les solutions de développement occupent une place centrale dans le rapport. Les pouvoirs publics et les professionnels du développement pourraient en tenir compte pour libérer le potentiel des terres en vue d'une croissance durable et inclusive. Le moment est venu de discuter ouvertement des options proposées dans cette étude fouillée et documentée, surtout parce qu'il est plus que temps de s'attaquer aux conséquences désastreuses du changement climatique. En général, les questions foncières devraient occuper une place importante dans de nombreuses décisions de politique publique, mais elles ne sont pas toujours explicitement identifiées ou examinées.

La réforme de la gouvernance foncière ne se fera probablement pas du jour au lendemain, mais je suis convaincu qu'elle est nécessaire pour éradiquer l'extrême pauvreté et promouvoir une prospérité partagée dans la région MENA. Je forme le vœu que les constatations et les idées présentées dans cet ouvrage créent une nouvelle impulsion pour remédier aux problèmes fonciers, tout en insistant sur le fait qu'il est possible de protéger la terre et les droits de propriété dans tous les pays de la région. Ce rapport apporte une contribution particulièrement utile à la recherche de solutions à un problème qui préoccupe les citoyens de la région Moyen-Orient et Afrique du Nord.

Ferid Belhaj
Vice-président, région Moyen-Orient et Afrique du Nord
Banque mondiale

Remerciements

Ce rapport a été préparé par une équipe composée de Myriam Ababsa, Amani Abou Harb, Meshal Alkhowaiter, Néjib Ayachi, Gnanaraj Chellaraj, Caleb Travis Johnson, Rafic Khouri, Eva Klaus, Siobhan Murray, Caglar Ozden, Javier Parada, Hogeun Park et Souleymane Soumahoro (principaux contributeurs) et conduite par Anna Corsi et Harris Selod (principaux auteurs), sous la direction de Rabah Arezki, Roberta Gatti, Daniel Lederman et Wael Zakout. D'autres personnes ont fourni des données et des idées qui ont contribué à l'étude, à savoir Mahmoud Elgarf, Asif Islam, Mohamed Nada, David Sims et Aradhya Sood. L'enquête pilote sur le genre et les terres en Cisjordanie et Gaza a été réalisée par Alpha International. L'enquête sur le genre et les terres en Tunisie a été financée par l'Agence de coopération allemande (GIZ), dans le cadre du programme ProSol (Protection et réhabilitation des sols dégradés en Tunisie), sous la supervision de Jenny Rust et Saadeddine Ben Ali. Le Department of Land and Surveys de Jordanie et le ministère saoudien de la Justice nous ont également communiqué des données aux fins de l'étude.

Depuis le début, ce rapport a bénéficié des conseils de pairs et d'évaluateurs, parmi lesquels Gilles Duranton, Irina Klytchnikova, Paul Prettitore et Forhad Shilpi, et des échanges avec de nombreux experts à l'intérieur et à l'extérieur de la Banque mondiale, à savoir : Imed Amira, Bochra Belhaj Hmida, Taoufiq Bennouna, Yosra Bouaziz, Nabil Chaherli, Ali Daoudi, Olivier Durand, Abderrahim Fraiji, Richard Gaynor, Richard Grover, Alison Hartnett, Adnan Ibrahim, Timur Kuran, Ghizlen Ouasbaa, Mohammad Sawafeen et Annie Thompson. Issam Abousleiman, Jaafar Friaa, Jesko Hentschel, Saroj Jha, Ayat Soliman, Tony Verheijen, Sameh Wahba et Marina Wes ont fourni de précieuses orientations et un appui inestimable tout au long du processus de rédaction du rapport.

L'équipe remercie tous les participants aux évènements suivants pendant lesquels les résultats préliminaires de l'étude ont été présentés : l'atelier Marrakesh Series et les rencontres du Groupe thématique sur le foncier et du Groupe de solutions géospatiales et terrestres ; la présentation faite par les auteurs aux directeurs des opérations ; la consultation régionale tenue lors de la deuxième Conférence arabe sur la gouvernance foncière ; la consultation nationale en Tunisie ; et une table ronde tenue à la School of Foreign Service de l'Université de Georgetown. L'équipe se félicite également des discussions avec le personnel du Réseau mondial pour les instruments fonciers (GLTN) d'ONU-Habitat et de l'International Land Coalition. Enfin, l'équipe souhaite remercier tout particulièrement les personnes suivantes qui ont facilité l'organisation de certaines rencontres ou les ont animées : Sadok Ayari, Leila Chelaifa, Olivier Durand, Mohamed Ali Guerbouj, Olfa Limam, Piers Merrick, Anis Morai, Salim Rouhana, Eleonora Serpi et Ombretta Tempra.

Ce rapport s'appuie sur des données provenant de sources multiples, dont la base de données *Doing Business 2020*. La Banque mondiale a arrêté la production du rapport *Doing Business* en septembre 2021 en raison de certaines irrégularités sans incidence sur les données utilisées dans le présent rapport.

À propos des auteurs et des contributeurs

LES AUTEURS

Anna Corsi est une spécialiste principale de l'administration foncière, avec deux décennies d'expérience en matière d'investissement foncier et d'administration foncière, de prêts à l'appui des politiques et de travaux d'analyse dans plus de 20 pays des régions Amérique latine et Caraïbes, Afrique subsaharienne, Europe et Asie centrale, et Moyen-Orient et Afrique du Nord. Alors qu'elle était en poste à Washington, en Colombie et en Afrique du Sud, elle a dirigé des concertations sur les politiques à mener aussi bien dans des pays à revenu intermédiaire que dans des pays admis à bénéficier de l'aide de l'Association internationale de développement, notamment ceux en situation de fragilité. Elle s'attache à promouvoir une bonne gouvernance foncière et à apporter son expertise en matière foncière à des opérations ayant une forte composante foncière. Avant d'entrer à la Banque mondiale, elle a travaillé pour les commissions politiques et environnementales de l'Assemblée parlementaire du Conseil de l'Europe à Strasbourg (France) sur les questions de réforme institutionnelle et de droits de l'homme en Europe de l'Est. Avant cela, elle a pratiqué le droit à Bologne en Italie. Elle est titulaire d'une maîtrise en relations internationales et études environnementales de l'École d'études internationales avancées de l'université Johns Hopkins.

Harris Selod est économiste senior au Groupe de recherche sur le développement de la Banque mondiale. Ses recherches portent sur le développement urbain, notamment sur les questions liées aux transports et à l'utilisation des terres, ainsi que sur la tenure et les marchés fonciers dans les pays à revenu faible et intermédiaire. Il a publié des articles sur divers sujets d'économie urbaine et publique dans des revues académiques de premier plan telles que *American Economic Journal, Economic Journal, Journal of Applied Econometrics, Journal of Development Economics, Journal of Public Economics* et *Journal of Urban Economics*. Il coorganise la Conférence annuelle de recherche de la Banque mondiale sur l'urbanisation et la réduction de la pauvreté. À la Banque mondiale, il a assuré les fonctions de chercheur invité, d'expert des politiques foncières détaché par le gouvernement français et de président du groupe thématique de la Banque sur la politique et l'administration foncières (de 2011 à 2013). Avant d'intégrer la Banque en 2007, il était chercheur à l'Institut national de recherche agronomique et professeur associé à l'École d'économie de Paris. Il est titulaire d'un doctorat en économie de la Sorbonne, du diplôme de statisticien/économiste de l'ENSAE ainsi que du diplôme de management d'ESCP Europe.

CONTRIBUTEURS

Myriam Ababsa est une sociogéographe affiliée à l'Institut français pour le Proche-Orient (Ifpo Amman). Elle est l'auteur de *Raqqa : Territoires et pratiques sociales d'une ville syrienne* (Ifpo, 2009). Elle est également corédactrice de l'ouvrage *Popular Housing and Urban Land Tenure in the Middle East* (Cairo University Press, 2012) et rédactrice en chef d'*Atlas of Jordan* (Ifpo, 2013). Ancienne étudiante de l'ENS Fontenay et de Paris 1, elle est titulaire d'un doctorat de l'Université de Tours (France).

Amani Abou Harb travaille à la Société financière internationale (IFC) où elle s'occupe essentiellement de la conception de nouveaux projets de santé et d'éducation. Avant d'être recrutée à IFC, elle a travaillé pour le bureau de l'économiste en chef de la Banque mondiale pour la région Moyen-Orient et Afrique du Nord (MENA). Là-bas, elle a contribué à la production de ce rapport en réalisant une analyse de données sur l'accès à la terre dans la région MENA. Elle est titulaire d'un master en politiques publiques de l'Université de Chicago.

Meshal Alkhowaiter est consultant auprès de l'économiste en chef de la Banque mondiale pour la région MENA. Avant de rejoindre la Banque, il a obtenu un master en politiques publiques à l'Université Georgetown et travaillé au ministère du Travail et du Développement social en Arabie saoudite pendant trois ans sur divers sujets tels que le chômage des jeunes et des femmes. Il est actuellement en première année de doctorat à la London School of Economics où il étudie la redistribution et les politiques économiques dans les États rentiers.

Néjib Ayachi est le fondateur de Maghreb Center, un groupe de réflexion basé à Washington qui s'intéresse essentiellement à l'Afrique du Nord et aux questions politiques, économiques et sécuritaires dans la région du Sahel. Enseignant précédemment en poste à l'Institut du service extérieur du Département d'État et à l'Université George Washington, il a rejoint l'Université George Mason depuis 2015. Il est titulaire d'un master et d'un doctorat en sciences politiques de la Sorbonne et d'une licence en anglais et en études américaines de l'université Paris 8.

Gnanaraj Chellaraj est consultant auprès de la Banque mondiale où il travaille sur différents sujets et régions, et principalement sur des questions intersectorielles liées à l'alimentation et au foncier, à l'infrastructure, au développement humain, au commerce international et à l'immigration. Entre 2002 et 2005, il a été conseiller auprès du gouvernement de Singapour. Il est titulaire d'un doctorat en économie agricole de l'université Purdue et d'un master en santé publique de l'université Harvard.

Caleb Travis Johnson est spécialiste en administration foncière au Département développement urbain, gestion des risques de catastrophe, résilience et gestion foncière de la Banque mondiale. Il est titulaire d'une licence en relations internationales et en histoire de Houghton College et d'un master en études internationales, gouvernance et gestion publique de l'université George Mason.

Rafic Khouri est consultant senior en gouvernance foncière, avec un intérêt particulier pour la question du droit des femmes au logement, à la terre et à la propriété dans le monde arabe. Il soutient l'Initiative pour la gouvernance des terres arabes du Réseau mondial des outils fonciers et a été élu coprésident du Cercle de professionnels du Comité directeur du GLTN en 2018 et 2020. Il a été expert international senior de l'Ordre français des géomètres-experts. Il est titulaire d'un doctorat en économie du développement de la Sorbonne.

Eva Klaus est chercheuse au *Gender, Justice, and Security Hub* du Centre for Women, Peace, and Security de la London School of Economics and Political Science. Elle est titulaire d'un master en économie internationale et en développement international de Johns Hopkins School of Advanced International Studies et d'une licence en économie et études internationales de l'université Johns Hopkins.

Siobhan Murray est une technicienne spécialisée au sein de l'équipe de soutien aux opérations géospatiales (GOST) du Groupe des données sur le développement de la Banque mondiale. Elle travaille avec l'équipe de l'Étude sur la mesure des niveaux de vie (LSMS-ISA) pour promouvoir l'utilisation de systèmes mondiaux de positionnement et d'autres données géoréférencées dans l'analyse et la diffusion des données d'enquête et aide à l'intégration de la télédétection et des données spatiales dans un large éventail de projets de la Banque.

Caglar Ozden est économiste principal au sein du Groupe de recherche de la Banque mondiale, codirecteur du *Rapport sur le développement dans le monde 2023* de la Banque sur les migrations internationales et auteur principal du récent rapport phare intitulé *Moving for Prosperity : Global Migration and Labor Markets*. Ses recherches explorent le lien entre l'intégration des marchés mondiaux du travail, les politiques gouvernementales et le développement économique. Il a rédigé trois ouvrages et publié des articles dans des revues académiques de premier plan telles que *American Economic Review* et *Economic Journal*. Il est titulaire d'un doctorat en économie de l'Université de Stanford.

Javier Parada est un analyste de données au sein du Groupe des données sur le développement de la Banque mondiale. Il est titulaire d'un doctorat en économie de l'agriculture et des ressources naturelles de l'Université de Californie à Davis, où il a développé un intérêt pour le développement international, la productivité agricole et l'analyse géospatiale. Il étudie les avancées de la télédétection qui permettent de mesurer les changements d'affectation des terres dans les pays fragiles à l'aide d'images satellites.

Hogeun Park est un expert junior au sein du Département développement urbain, gestion des risques de catastrophe, résilience et gestion foncière de la Banque mondiale. Il effectue des travaux d'analyses avancées sur les défis urbains complexes à travers un prisme spatial. Il a corédigé le rapport phare de la Banque mondiale intitulé *Pancakes to Pyramids : City Form to Promote Sustainable Growth* et a dirigé des analyses spatiales pour divers rapports scientifiques. Avant d'intégrer la Banque mondiale, il a été boursier postdoctoral Big Pixel à l'Université de Californie à San Diego. Il est auteur d'un grand nombre de publications dans des revues de premier plan sur l'urbanisme et l'analyse spatiale.

Souleymane Soumahoro est économiste et chercheur chargé de cours à la Fondation pour les études et recherches sur le développement international (FERDI). Il possède une solide expérience de la recherche sur des données empiriques en économie et en politiques publiques. S'appuyant sur son expérience de l'analyse économique, de la conception de la recherche et de l'évaluation des politiques, il a dirigé — et contribué à — plusieurs rapports phares de la Banque mondiale sur les questions de développement économique dans les régions Afrique subsaharienne, Amérique latine et Caraïbes et Moyen-Orient. Souleymane est titulaire d'un doctorat en économie de l'Université de l'Oklahoma et d'un master en économie internationale de l'Université d'Auvergne Clermont-Ferrand (France).

Résumé analytique

DÉFIS

Dans la région Moyen-Orient et Afrique du Nord (MENA), les terres sont rares et extrêmement précieuses en raison de fortes contraintes géographiques et climatiques (84 % des terres de la région sont arides et seulement 3,5 % sont cultivées). Conjuguées à la diminution de l'offre foncière résultant de facteurs liés au climat et à la gouvernance, les prévisions d'augmentation de la demande de terres induites par les tendances démographiques actuelles annoncent une crise imminente à un moment où la région connaît également de profondes mutations sociales et politiques. Les réserves de terres cultivables sont presque épuisées, et la marge d'expansion des surfaces dédiées à l'agriculture pluviale est la plus faible au monde — soit à peine 9 à 17 % des superficies cultivées actuellement, contre 150 % à l'échelle mondiale. Les tendances à l'urbanisation exercent également des pressions sur les terres. Pour faire face aux prévisions d'accroissement de la population urbaine de 60 % (190 millions) d'ici 2050, dans les conditions actuelles, la superficie urbaine totale bâtie dans la région MENA devra probablement augmenter d'au moins 50 % (1,3 million d'hectares supplémentaires). Et pourtant, les terres restent utilisées de manière inefficace, inéquitable et peu soutenable.

Dans le même temps, entreprises et particuliers ont beaucoup de mal à accéder à la terre, ce qui a des effets néfastes dans toute la région MENA. En effet, 23 % des entreprises des secteurs manufacturier et tertiaire considèrent que les difficultés d'accès à la terre sont un obstacle majeur à leur activité. Les appuis politiques sont utilisés pour accéder à la terre, ce qui peut conduire à une allocation des terrains aux entreprises ayant des liens avec le pouvoir à la place d'entreprises plus productives. Il y a deux fois plus d'entreprises politiquement connectées (5,9 %) dans la région MENA que dans la région Europe et Asie centrale (2,4 %), quelques pays affichant des liens très étroits entre les milieux politiques et le monde des affaires (jusqu'à 28 %).

Les obstacles à l'accès à la terre réduisent l'efficacité économique au sein et entre les secteurs et perpétuent les inégalités, en particulier envers les femmes et les groupes vulnérables. Le pourcentage des femmes qui possèdent des terres agricoles dans la région MENA est le plus bas au monde, et les femmes de la région sont deux à trois fois plus susceptibles de craindre de perdre leurs biens en cas de décès de leur époux ou de divorce. Les institutions formelles et informelles et des normes et pratiques sociales déséquilibrées entre les sexes (en particulier dans les zones rurales et en matière de succession et de gestion des actifs) ne protègent pas suffisamment les droits des femmes. En effet, les femmes font souvent l'objet de pressions sociales pour renoncer «volontairement» à leur héritage : Selon des données des tribunaux islamiques jordaniens sur ces dix dernières années, jusqu'à un tiers des héritières renoncent pleinement à leurs droits de succession chaque année. Les réfugiés rencontrent aussi des difficultés pour accéder à la terre, les conflits dans la région MENA entraînant le déplacement de millions de personnes qui n'ont pas droit au logement, à la terre et à la propriété, à la fois dans leurs pays d'origine et dans le pays hôte. En outre, la crise liée à la rareté des terres est exacerbée par les conflits, ce qui est un facteur supplémentaire contribuant à la dégradation des sols. En fait, une comparaison des superficies cultivées dans les environs de la frontière entre la Turquie et la République arabe syrienne montre que le conflit a fait perdre 7 % de terres cultivées à la Syrie jusqu'en 2017.

La pénurie de terres et les difficultés d'accès au foncier sont aggravées par une mauvaise gouvernance foncière. Dans la région MENA, les systèmes de gouvernance foncière sont complexes, car ils sont le résultat de nombreux changements de régime et de réformes connexes tout au long de l'histoire. Les cadres juridiques sont souvent obsolètes et ne correspondent pas toujours à la réalité sur le terrain ou aux besoins de l'économie moderne. Dans tous les pays de la région, sauf les pays riches et la Jordanie, l'enregistrement insuffisant de droits de propriété demeure un problème majeur, qui reflète la complexité des situations foncières, le caractère onéreux des procédures d'enregistrement et une faible perception des avantages de l'enregistrement. En outre, les politiques de gouvernance foncière sont souvent mal appliquées en raison du cloisonnement institutionnel au niveau central et du manque de fiabilité des infrastructures d'administration de biens fonciers, ce qui complique le partage d'informations et la coordination entre les différents services de l'administration centrale. Dans les pays de la région, il n'est pas rare que jusqu'à 10 institutions se disputent des compétences en matière de gestion foncière au sein de l'administration centrale. Enfin, dans de nombreux pays MENA, le grand nombre de terres domaniales, la forte mainmise de l'État sur le secteur foncier et les processus décisionnels centralisés et opaques en matière d'allocation des terres en dehors des principes du marché contribuent à une utilisation inefficace des terres et favorisent les captations de rente par les élites et le clientélisme. Selon les rapports nationaux établis aux fins de l'Indice de transformation de Bertelsmann pour 2020, dans 16 des 17 pays de la région couverts, la corruption, l'ingérence politique ou le clientélisme ont une incidence sur les droits de propriété.

L'inefficacité dans l'administration et l'attribution des droits de propriété est exacerbée par des politiques génératrices de distorsions, en particulier dans le secteur agricole. Par exemple, les subventions à l'eau accordées au secteur agricole encouragent l'utilisation non durable des terres et sont une pratique très courante dans une région qui consacre 2 % de son PIB à de telles subventions, le niveau le plus élevé au monde. En ce qui concerne les contraintes réglementaires, l'inadéquation des réglementations en matière de zonage urbain contribue aux faibles densités du bâti, à l'utilisation inefficace des terres et à la dégradation de l'environnement. Des systèmes d'imposition foncière mal conçus et dysfonctionnels ne favorisent pas l'utilisation efficace des terres. Par exemple, plusieurs pays dispensent les unités résidentielles vacantes de l'impôt foncier, ce qui incite les propriétaires à maintenir ces propriétés vides. Certaines villes de la région disposent d'un grand nombre de terrains vacants (plus de 75 % de l'empreinte foncière dans certains cas), ce qui a conduit quelques pays à essayer d'utiliser des instruments fiscaux, tels qu'une taxe sur les terrains vacants, pour encourager l'aménagement des terres en vue de construire les centres urbains.

L'allocation inefficace des terres et la forte mainmise de l'État sur celles-ci réduisent l'efficacité des politiques de développement économique local. Par exemple, il n'est pas rare que des zones industrielles soient établies dans des endroits où les infrastructures sont insuffisantes et qui sont déconnectés des marchés du travail. La faiblesse de l'administration foncière (en matière d'enregistrement et d'évaluation) empêche d'utiliser les terres comme garantie, limite les fonds disponibles pour l'investissement et freine la croissance des marchés du crédit et des prêts hypothécaires. Par exemple, à peine 9 % des ménages de la région MENA ont une hypothèque en cours sur leur propriété (taux de pénétration des prêts immobiliers), ce qui est inférieur à la moyenne mondiale. Conjuguée à une offre limitée de terres formelles et à une mauvais planification urbaine, la faiblesse de l'administration foncière — en particulier l'absence de reconnaissance des droits fonciers et des procédures lourdes et coûteuses de formalisation de ces droits fonciers — a contribué à la multiplication de logements informels et de bidonvilles. En effet, 24 % de la population urbaine vit actuellement dans des bidonvilles, ce qui perpétue l'insécurité foncière, complique le règlement des différends, augmente les coûts de fourniture des services et nuit au milieu environnant.

Pour éviter la crise qu'annoncent la rareté des terres, l'accès inéquitable à celles-ci et leur utilisation improductive, les pays de la région doivent de toute urgence tourner leur attention vers le secteur foncier. Ils doivent pour cela mettre l'accent sur les questions sectorielles et réaliser que des politiques foncières prospectives sont nécessaires pour faire face aux enjeux majeurs que constituent la forte croissance démographique et le changement climatique et pour répondre à l'aspiration à la transformation économique, politique et sociale.

QUELLES SONT LES PERSPECTIVES?

Modernisation des systèmes d'administration foncière

Les pays de la région MENA devraient commencer par privilégier la modernisation des systèmes d'administration foncière. Les priorités sont clairement l'enregistrement des biens fonciers, la numérisation des dossiers ainsi que l'amélioration de la transparence et l'accessibilité de l'information foncière.

La technologie est importante en raison des perspectives de transformation numérique et des possibilités qu'elle offre pour la définition de solutions d'un bon rapport coût-efficacité, la production et le partage de données, la prestation de services et la transparence, bref tout ce qui fait cruellement défaut dans la région. La révision des cadres juridiques pour les aligner sur les besoins des économies modernes et la simplification des systèmes de tenure foncière se font attendre depuis longtemps. Des réformes institutionnelles complexes sont également nécessaires pour surmonter les problèmes de gouvernance foncière. Des mesures devraient être prises pour remédier à la fragmentation des institutions et rationaliser les fonctions de gestion foncière, réduire la mainmise excessive des acteurs étatiques et améliorer la transparence pour éradiquer le clientélisme. Des réformes de gouvernance foncière, en particulier celles qui renforcent les systèmes d'imposition foncière et la gestion des terrains domaniaux, pourraient générer des recettes supplémentaires et améliorer les finances publiques. Des systèmes d'administration foncière fonctionnels sont nécessaires pour récupérer les plus-values foncières et faciliter une utilisation du sol et des décisions de gestion des terres plus efficaces, en particulier en ce qui concerne les terres publiques. Les procédures d'allocation des terres devraient être plus transparentes et fondées sur les prix du marché pour s'assurer que les terres domaniales remplissent des fonctions sociales, économiques et budgétaires.

Prise en compte d'objectifs stratégiques plus vastes

En plus des interventions sectorielles, les pays MENA doivent adopter une approche plus globale du secteur foncier. Les gouvernements doivent chercher à optimiser l'utilisation des terres pour atteindre des objectifs économiques, sociaux et environnementaux dans le contexte du changement climatique, de la croissance démographique et des nombreux défis auxquels sont confrontées les économies de la région. Ces défis incluent les questions du chômage, des disparités entre les sexes et des inégalités économiques, ainsi que de l'obsolescence du modèle de rente tirée des ressources naturelles. Il faudra prêter une attention particulière à ce que les pouvoirs publics peuvent réaliser et ce qu'il vaudrait mieux laisser au fonctionnement des marchés.

Il faudra également opérer les arbitrages nécessaires en termes de production agricole et de souveraineté alimentaire, de préservation des ressources en eau et d'expansion urbaine (pour le logement, les activités commerciales et le développement industriel). Les efforts visant à regrouper des parcelles agricoles fragmentées et à abandonner des variétés de cultures à forte intensité d'eau seront essentiels pour se prémunir contre les pertes de terres cultivées. Pour répondre aux impératifs de soutenabilité, il pourrait aussi s'avérer nécessaire de passer du paradigme de l'autosuffisance quel qu'en soit le coût à celui de la disponibilité et la sécurité alimentaires. Dans le même temps, les pouvoirs publics devront encourager prioritairement une utilisation plus efficace des terres urbaines en offrant des incitations suffisantes à cet effet et en levant les obstacles institutionnels qui empêchent de répondre à la demande foncière avec une offre de terrains formels. Cette mesure sera d'autant plus importante que la région est confrontée à une croissance très importante de sa population urbaine. Enfin, bien que l'utilisation répandue des terres pour remplir le contrat social dans les pays MENA serve peut-être des objectifs sociaux louables, elle s'est accompagnée d'une utilisation inefficace des terres et semble être un optimum de second rang inefficace pour s'attaquer aux problèmes plus fondamentaux d'absence de redistribution et d'inclusion économiques. Le renforcement de l'accès des femmes à la terre et à la propriété fera partie intégrante des efforts visant à réduire la pauvreté et autonomiser économiquement les femmes dans la région MENA.

Prise en compte des différences entre les pays

Tous les pays ne sont pas confrontés avec la même intensité aux problèmes de rareté des terres et de gouvernance foncière, ce qui implique que les orientations proposées ne s'appliquent pas à tous de la même manière. Les pays riches du Golfe connaissent de graves pénuries de terres, mais disposent d'une administration foncière relativement bonne. S'ils doivent nécessairement poursuivre leurs efforts en matière de gouvernance (en particulier de transparence et de gestion des terres publiques), ils doivent définir des orientations claires (fondées sur des analyses sociales, économiques et environnementales solides) afin d'opérer des choix stratégiques en matière d'utilisation de leurs terres. Ils doivent en outre s'employer à éliminer les mesures incitatives contre-productives qui ont conduit à une utilisation inefficace et non-soutenable des terres (telles que les terres urbaines vacantes et l'utilisation intensive de l'eau sur les terres agricoles). Il s'agit là d'une condition nécessaire pour répondre de manière soutenable à l'augmentation de la demande de terres causée par la croissance démographique. Un deuxième groupe de pays — composé des pays du Maghreb et de la République islamique d'Iran, de l'Iraq et de la Syrie — souffre davantage de la faiblesse de leur gouvernance foncière, mais est moins exposé au problème de la rareté des terres que le premier groupe. Ces pays devront privilégier la modernisation de leurs systèmes de gouvernance et d'administration foncière. Ce n'est qu'ainsi qu'ils pourront se doter d'un secteur foncier viable qui contribue à la croissance et mettre en place des politiques pour répondre aux problèmes d'utilisation durable des terres et d'équité dans l'accès au foncier (y compris entre hommes et femmes). Pour les pays touchés par un conflit dans ce groupe, la modernisation de l'administration et l'amélioration de la gouvernance foncières seront essentielles à la viabilité à long terme du processus de reconstruction. Enfin, le troisième groupe d'économies — Cisjordanie et Gaza, Djibouti, République arabe d'Égypte et République du Yémen — rencontre de graves problèmes à la fois de gouvernance et de rareté des terres. Pour eux, il est impératif d'améliorer en même temps la gouvernance foncière et de répondre à la rareté des terres. À moins d'améliorer leur gouvernance foncière, ils ne pourront pas remédier efficacement à la rareté des terres (connaître l'inventaire des terre, par exemple, est une condition nécessaire), ce qui rend d'autant plus urgentes les réformes en vue de la modernisation du secteur foncier. Cela dit, des réformes de grande envergure, bien que nécessaires, peuvent être difficiles à mettre en œuvre. Il est probable que des approches progressives soient plus facilement réalisables.

RÉFORME DU SECTEUR FONCIER : UNE PRIORITÉ MAJEURE

Étant donné que les questions d'accès à la terre et de droits fonciers se situent en amont de toutes les activités économiques, la réforme foncière devrait être une priorité absolue pour les pays MENA. Les politiques foncières doivent être exhaustives et tenir compte des principes du marché et de considérations liées à l'économie et la durabilité. Bien que certains pays aient indéniablement accompli des progrès dans l'amélioration de leur gouvernance foncière, il importe de définir clairement et de toute urgence des pistes de réforme. Néanmoins, des questions importantes demeurent quant à la reproductibilité des efforts de réforme qui ont réussi à l'ensemble des pays de la région en raison de leurs contextes politiques et sociaux différents. En outre, la participation des acteurs de la société civile et l'évolution des normes sociales concernant les droits à la terre et à la propriété constitueront un aspect essentiel des efforts de réforme. Il est primordial de remédier aux goulets d'étranglement liés à l'économie politique et aux intérêts particuliers qui ont longtemps empêché les réformes. Dans une certaine mesure, ces questions ne sont pas spécifiques au secteur foncier, mais il pourrait être plus facile d'y répondre dans une perspective sectorielle qu'avec des efforts déployés simultanément à tous les niveaux.

En résumé, le présent rapport recense et analyse les défis économiques, environnementaux et sociaux associés aux terres dans les pays de la région MENA, en faisant ressortir les options envisageables pour y remédier. Il met en avant la nécessité pour les pays de la région d'aborder les questions foncières de manière globale et de réévaluer les arbitrages stratégiques concernant l'utilisation des terres, tout en réduisant au minimum les distorsions. Il s'adresse aux responsables politiques, aux professionnels de la gouvernance foncière, aux acteurs de la société civile et aux milieux universitaires pour éclairer le dialogue sur les politiques publiques avec les acteurs étatiques et non étatiques afin que les pays de la région puissent utiliser plus efficacement les terres pour le développement économique et social. Il cherche également à combler les principales lacunes en matière de données et promouvoir une culture de libre accès aux données, de transparence et de dialogue inclusif sur les terres qui profitera à toutes les parties concernées, encouragera l'éthique de responsabilité et favorisera des prises de décisions politiques éclairées et fondées empiriquement. Ces étapes importantes vont contribuer à renouveler le contrat social, soutenir la transformation économique et numérique et accompagner les efforts de reconstruction et de reprise dans la région.

Sigles et abréviations

BTI	Indice de transformation de Bertelsmann
CCG	Conseil de coopération du Golfe
CEDEF	Convention sur l'élimination de toutes les formes de discrimination à l'égard des femmes
DD	Différence de différences
EIIL	État islamique d'Iraq et du Levant
FAO	Organisation des Nations Unies pour l'alimentation et l'agriculture
GIZ	Agence de coopération allemande
GLTN	Réseau mondial des instruments fonciers (ONU-Habitat)
MENA	Région Moyen-Orient et Afrique du Nord
MODIS	Spectroradiomètre imageur à résolution moyenne
NCPSLU	Centre national égyptien de planification de l'utilisation des terres publiques (République arabe d'Égypte)
OCDE	Organisation de coopération et de développement économiques
PIB	Produit intérieur brut
PNUD	Programme des Nations Unies pour le développement
PPP	Partenariat public-privé
RDG	Régression sur discontinuité géographique
REPD	Département de la publicité immobilière (République arabe d'Égypte)
UNRWA	Office de secours et de travaux des Nations Unies pour les réfugiés de Palestine dans le Proche-Orient
WBL	*Women, Business and the Law*

Glossaire des termes arabes

Chari'a	La *chari'a ou* «chemin» désigne, selon l'islam, l'ensemble de règles pratiques qui régissent la vie et la conduite en société
Fiqh	Interprétation jurisprudentielle de la *chari'a*
Ifraz	Lotissement foncier
Matruka/metruka	Terrain du domaine public dans le Code foncier ottoman
Mawat	Terres «mortes» (inutilisées) considérées comme des terres domaniales par défaut
Miri	Terres appartenant à l'État qui détient le *tasarruf*, qui est le droit de l'utiliser, de l'exploiter et d'en disposer (*usufruit*)
Mulk/melk	Terres privées détenues en propriété absolue
Musha'	Terres communes indivises (terres publiques ou terres coutumières)
Soulalyat	Femmes de tribus marocaines qui revendiquent leurs droits fonciers et une indemnisation appropriée (*soulala* signifie lien sanguin, tribu)
Takharuj	Exclusion de la succession (matérialisée par un document juridique signé)
Takrim	Rémunération, cadeau ou somme d'argent modeste remis aux femmes
Tapu/tapu senedi	Cadastre (Loi ottomane)/titre de propriété
Tasarruf	Droit d'utilisation, d'exploitation et de cession des terres (*usufruit*)
'urf	Coutume ou culture locale acceptée dans l'islam comme source de droit local (tant qu'elle ne contredit pas *la chari'a*)
'ushr	Taxe foncière (partie de la *zakat*)
Usûl wa-fughûr	Parents proches (père, mère, femme, mari, frère, sœur, enfants)
Waqf	Dotation faite à perpétuité à des fins religieuses (pas nécessairement islamiques) ou caritatives
Zakat	Impôt annuel que chaque musulman est tenu de payer par devoir religieux. Le produit de cet impôt est utilisé à des fins caritatives et religieuses. Dans l'islam, *la zakat* est l'un des cinq piliers de l'islam et est considérée comme un acte de purification de ses biens.
Zemam	Limites des terres agricoles cultivées et non cultivées dans les villages en République arabe d'Égypte qui sont assujetties à une taxe sur les terres agricoles

Introduction

INTRODUCTION

La région Moyen-Orient et Afrique du Nord (MENA) connaît une transformation spectaculaire du fait de son exposition croissante au changement climatique, du manque d'eau, de la forte pression démographique, de l'essoufflement du modèle de croissance fondé sur la rente pétrolière et gazière, du profond désir de réformes au sein de la société faisant suite aux manifestations du Printemps arabe ainsi que des conflits actuels. Ces tendances ont accru la demande de terres face à une offre limitée, ce qui a des répercussions sur la manière dont les terres sont utilisées et gérées dans la région, et sur les modalités d'accès à celles-ci. L'amélioration de la gouvernance et de la gestion des terres peut contribuer de manière significative à relever chacun de ces défis et à placer la région sur la voie de la reprise et de la croissance.

L'efficacité et la viabilité de l'utilisation des terres ainsi que l'équité dans l'accès au foncier sont des questions primordiales pour la région tout entière. Trois facteurs sont en jeu. Premièrement, en comparaison avec les autres régions, les terres propices à l'agriculture, à la construction de logements et à d'autres activités sont extrêmement rares dans la région MENA en raison du caractère essentiellement désertique de cette région. Cette pénurie génère une concurrence entre les différentes utilisations des terres et une dépendance vis-à-vis du reste du monde pour la production et les importations alimentaires. Les pays doivent donc faire des arbitrages stratégiques quant à la meilleure manière d'utiliser les terres pour servir les objectifs économiques et sociaux et les ambitions de développement durable et de souveraineté. Ces arbitrages reposent sur les objectifs que les pouvoirs publics devraient légitimement poursuivre en matière d'utilisation des terres, et sur ce qu'il serait préférable de laisser au fonctionnement des marchés et au jeu des avantages comparatifs.

Deuxièmement, malgré les réformes engagées dans certains pays, les faiblesses en matière de gouvernance foncière continuent d'entraver l'accès à la terre, empêchent de créer un environnement propice à l'investissement et limitent la capacité des autorités à utiliser efficacement les terres pour générer des revenus et atteindre les objectifs de développement.

Troisièmement, dans les pays MENA, les inégalités économiques et sociales persistantes influent sur les conditions d'accès au foncier et sur la répartition des terres. Les femmes sont particulièrement désavantagées dans la manière dont elles peuvent accéder à la terre et faire respecter leurs droits fonciers. Des pratiques de succession inéquitables, par exemple, limitent leurs possibilités économiques et accroissent leur vulnérabilité. De même, les déplacements de population causés par des conflits ont d'importantes répercussions sur l'utilisation des terres et compliquent grandement les actions visant à protéger les droits des réfugiés au logement, à la terre et à la propriété.

CADRE D'ANALYSE DES QUESTIONS FONCIÈRES

Le présent rapport propose un cadre conceptuel simple pour examiner les questions foncières dans la région MENA (voir la figure I.1). Ce cadre part de l'observation selon laquelle deux grandes contraintes — la rareté des terres et la mauvaise gouvernance foncière — influent sur les modes d'utilisation des terres et d'accès à celles-ci. Ces contraintes donnent lieu à des inefficacités et des inégalités qui, à leur tour, génèrent des coûts économiques et sociaux. Dans ce contexte, les politiques adoptées par les pays de la région répondent à ces contraintes, inefficacités et inégalités, mais agissent également sur celles-ci.

C'est dans cette optique que le présent rapport recense et analyse les effets économiques, environnementaux et sociaux associés aux problèmes auxquels sont confrontés les pays MENA en matière de gestion des terres. Bien que le rapport soit fondé sur des travaux approfondis de recherche menés pour mieux comprendre ces enjeux, il n'intègre pas une analyse exhaustive de toutes les questions liées au foncier dans la région MENA et ne couvre pas l'intégralité des questions foncières dans chaque pays de la région. Il s'adresse aux responsables politiques, aux professionnels de la gouvernance foncière, aux acteurs de la société civile et aux milieux universitaires afin d'éclairer le dialogue autour des politiques publiques avec les acteurs étatiques et non étatiques et aider les pays de la région à mobiliser plus efficacement les terres pour le développement économique et social.

Figure I.1 Cadre conceptuel relatif aux questions foncières, région MENA

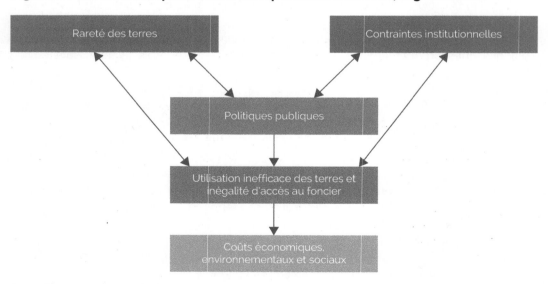

Source : Banque mondiale.

Dans ce rapport, des études économiques robustes sont mobilisées pour déterminer, à partir de données probantes, des moyens d'améliorer l'affectation productive des terres, de remédier aux disparités d'accès à la terre entre les femmes et les hommes, et de résoudre les problèmes fonciers qui résultent des déplacements de population induits par le climat et les conflits. Pour relever ces défis, il faudra adopter une approche qui va au-delà de la résolution des problèmes techniques d'administration foncière, pour s'attaquer également aux contraintes que génèrent des cadres juridiques inadéquats, une mainmise excessive des acteurs étatiques, le manque de transparence et le clientélisme, ce qui pourrait nécessiter des réformes institutionnelles majeures et complexes. Dans une certaine mesure, ces questions ne sont pas spécifiques au secteur foncier, mais les gérer dans une perspective sectorielle pourrait s'avérer plus facilement réalisable que des efforts déployés simultanément à tous les niveaux. Étant donné que les questions d'accès à la terre et de droits fonciers se situent en amont de la quasi-totalité des activités économiques et ont une incidence sur de nombreux autres secteurs (voir la figure I.2), les réformes foncières devraient être une priorité dans la région MENA. L'une des tâches principales à cette fin consiste à combler les lacunes importantes en matière de données et à promouvoir une culture de libre accès aux données qui sera bénéfique pour toutes les parties concernées, encouragera l'éthique de responsabilité et favorisera l'adoption de politiques publiques qui seront éclairées et fondées sur des preuves empiriques. Ces mesures importantes vont contribuer à renouveler le contrat social, soutenir la transformation économique et numérique et accompagner les efforts de reprise et de reconstruction dans la région.

Figure I.2 Importance centrale des terres

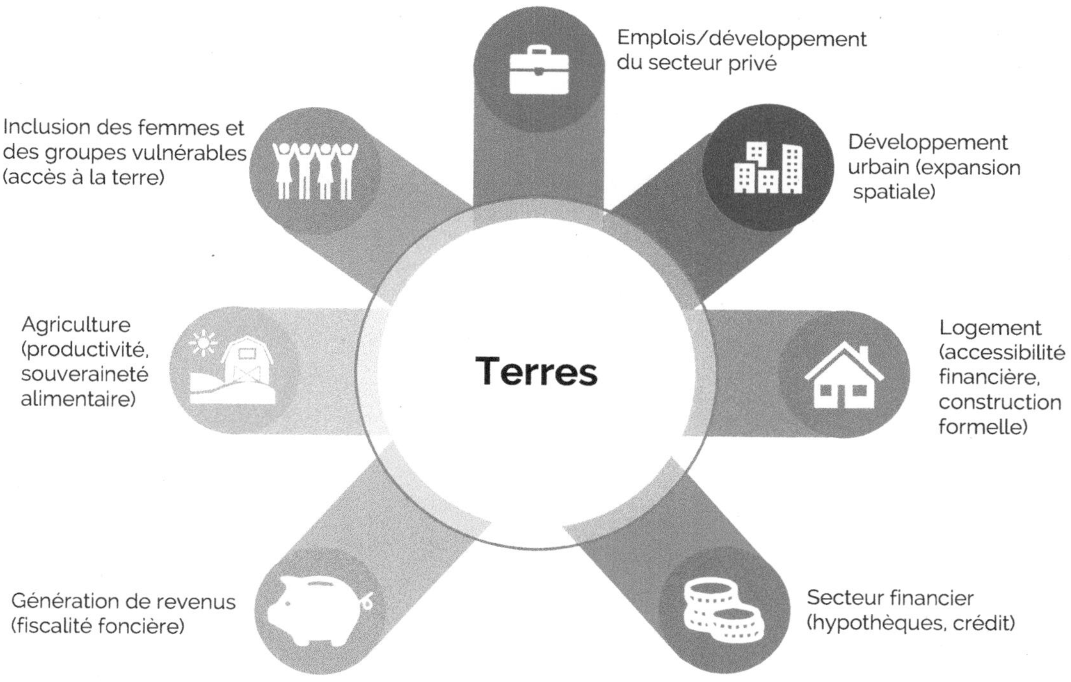

Source : Banque mondiale.

CHAPITRE 1

Rareté des terres, dynamique de l'utilisation du sol et questions connexes dans la région MENA

INTRODUCTION

Le présent chapitre examine la disponibilité et l'utilisation des terres dans la région Moyen-Orient et Afrique du Nord ainsi que les arbitrages entre utilisations concurrentes. Il commence par présenter les bases de données d'utilisation du sol et de couverture terrestre exploitées pour l'étude, puis décrit l'occupation du sol, ses déterminants et son évolution au fil du temps. Le problème crucial qui ressort de l'analyse est la rareté des terres dans la région MENA. Les tendances démographiques et climatiques également analysées indiquent une augmentation de la demande de terres dans la région, lesquelles sont en outre soumises à une pression croissante due au changement climatique. La raréfaction des terres conduit à des arbitrages stratégiques concernant la meilleure manière d'utiliser la ressource foncière pour répondre aux différents objectifs économiques et sociaux ainsi que ceux liés à soutenabilité et la souveraineté[1].

UTILISATION DES TERRES DANS LA RÉGION MENA : TENDANCES HISTORIQUES ET SITUATION ACTUELLE

Des statistiques harmonisées au niveau national et des images satellitaires ont été utilisées pour décrire l'utilisation des sols et la couverture terrestre dans le cadre de la présente étude. Décrire l'utilisation des sols à grande échelle est un exercice complexe qui nécessite l'élaboration d'indicateurs pertinents à partir de sources diverses, notamment de statistiques nationales, de données modélisées et, de plus en plus, de mesures directes prises depuis l'espace. Ces données ne sont cependant pas exemptes de problèmes, comme notamment le recours à des typologies d'utilisation des sols insuffisamment précises, une couverture spatiale ou temporelle limitée, ou une précision et une fiabilité insuffisantes des données.

Dans une large mesure, la présente étude s'appuie sur des données mondiales qui permettent des comparaisons interrégionales et transnationales de catégories agrégées d'utilisation des terres ainsi que des analyses géoréférencées plus détaillées pour des zones identifiées avec précision. Pour déterminer la couverture terrestre à une échelle géographique fine, cette étude utilise largement les données issues du spectroradiomètre imageur à résolution moyenne (MODIS Land Cover Type) compilées à partir d'images satellitaires disponibles depuis 2001. Les mesures agrégées des terres agricoles au niveau national proviennent à la fois des données MODIS Land Cover Type (MODIS MCD12Q1) et de FAOSTAT, la base de données de séries temporelles compilée par l'Organisation des Nations Unies pour l'alimentation et l'agriculture. L'encadré 1.1 présente les caractéristiques de ces deux bases de données complémentaires et décrit la manière dont elles ont été utilisées dans l'étude.

Encadré 1.1 Les bases de données de FAOSTAT et de MODIS Land Cover Type

La présente étude s'appuie sur les données d'utilisation des sols de FAOSTAT (http://www .fao.org/faostat/) et de MODIS Land Cover Type (MCD12Q1) version 6 (https://lpdaac.usgs.gov /products/mcd12q1v006/).

La base de données **FAOSTAT** sur l'utilisation des terres de l'Organisation des Nations Unies pour l'alimentation et l'agriculture (FAO) couvre actuellement la période 1961–2018. Les données sont recueillies auprès d'États membres de l'Organisation en utilisant le questionnaire annuel de la FAO portant sur les ressources agricoles – terres et irrigation. FAOSTAT donne des définitions imbriquées de l'utilisation des terres. La catégorie la plus large des « terres agricoles » comprend les « prairies et pâturages permanents » ainsi que les « terres cultivées ». Ces dernières rassemblent à leur tour les « cultures permanentes » et les « terres arables ». La catégorie des « terres arables » regroupe les « cultures temporaires », les « prairies ou pâturages temporaires » et les « jachères temporaires ».

Les données de **MODIS Land Cover Type** sont dérivées des données de réflectance du spectroradiomètre imageur de résolution moyenne (MODIS) générées par les deux satellites Terra et Aqua qui prennent des images de la terre tous les 1 à 20 jours pour mesurer la dynamique environnementale mondiale à grande échelle et à une résolution moyenne (500 mètres). La présente étude utilise les données annuelles des mesures de MCD12Q1 pour la période 2001–2019, qui fournissent une typologie de la couverture terrestre mondiale à une résolution spatiale de 500 mètres sur la base d'une classification supervisée de la réflectance de MODIS (Sulla-Menashe et Friedl, 2018).

(l'encadré continue à la page suivante)

Pour simplifier l'analyse dans la présente étude, les catégories de couverture terrestre sont réagrégées en huit catégories : 1) masses d'eau (au moins 60 % de la superficie est couverte de masses d'eau permanentes); 2) forêts (plus de 60 % de couvert arboré); 3) arbustes et prairies (où dominent les ligneux vivaces et les herbacées annuelles); 4) terres humides (inondées en permanence avec 30 à 60 % de couverture d'eau et plus de 10 % de couverture végétale); 5) terres cultivées (plus de 60 % de la surface du pixel sont des terres cultivées); 6) mosaïques de terres cultivées ou de végétation naturelle (mosaïques mêlant végétation naturelle d'arbres, d'arbustes ou d'herbacées et une culture à petite échelle couvrant 40 à 60 % de la surface du pixel que nous désignerons simplement ici comme mosaïques de terres cultivées); 7) zones urbaines (au moins 30 % sont des surfaces imperméables, y compris des matériaux de construction, de l'asphalte et des véhicules); et 8) zones nues/arides (au moins 60 % de la superficie est nue, aride — sable, roche, sol aride — ou couverte de neige et de gel permanents avec moins de 10 % de végétation). Les chiffres agrégés d'utilisation des sols par l'agriculture sont obtenus en additionnant les surfaces des pixels de la classe des terres cultivées (définies comme les terres dont 60 % ou plus de la zone de pixels sont identifiées comme cultivées) et des mosaïques de terres cultivées (définies comme les terres dont 40 à 60 % de la zone de pixels sont identifiées comme cultivées). Les mosaïques de terres cultivées sont souvent situées à la périphérie des zones de terres cultivées. Toutefois, la classe des mosaïques de terres cultivées est presque négligeable dans la région MENA, car sa superficie équivaut à moins de 0,4 % de la superficie totale des terres identifiées comme cultivées.

Le présent chapitre rapporte les valeurs agrégées de FAOSTAT pour 2018 et de MODIS Land Cover Type pour le mode au sens statistique sur la période 2017–2019 (pour être plus précis, chaque pixel est attribué à la classe prédominante au cours de ces trois années consécutives pour réduire les biais dus à une possible erreur de classification). Il importe de noter que les classes d'utilisation des sols dans FAOSTAT et dans MODIS diffèrent et sont donc difficiles à comparer. Un inconvénient des données de FAOSTAT est qu'elles dépendent des déclarations des bureaux nationaux de statistiques et incluent des imputations faites lorsque des réponses sont manquantes. Importante pour cette étude, la répartition des terres arables en terres sous cultures temporaires et en prairies, pâturages et jachères temporaires n'est pas disponible pour tous les pays, ce qui rend impossible le calcul des superficies totales cultivées (qui regrouperaient les cultures permanentes et temporaires). En fait, la mesure FAOSTAT des superficies cultivées comprend plus de terres que ce qui est réellement cultivé, car la définition FAOSTAT pour ces terres inclut également les prairies temporaires, les pâturages et les jachères. Pour cette étude régionale, les données de MODIS Land Cover Type fournissent des mesures de couverture terrestre cohérentes et détaillées pour des zones précises qui peuvent être agrégées au niveau national. Les inconvénients sont cependant la possibilité d'une erreur de classification des pixels qui présentent des caractéristiques mixtes, et l'approximation qui résulte de l'addition des surfaces des pixels selon une typologie de la couverture terrestre différente de l'utilisation du sol décrite par FAOSTAT.

La région MENA se démarque nettement du reste du monde en ce qu'elle est constituée en grande partie de terres arides. Il ressort de la distribution des classes de couverture terrestre d'après les données de MODIS Land Cover Type (figure 1.1) que plus de 84 % de la superficie terrestre de la région est considérée comme désertique, pour seulement 3,5 % de terres cultivées et à peine 0,3 % de zones construites. Les masses d'eau (0,3 %) et les forêts (0,2 %) sont presque inexistantes dans la région, mais celle-ci est caractérisée par de grandes variations de couverture terrestre. Le Liban est le pays avec le plus de végétation

Figure 1.1 Répartition de la couverture terrestre par région

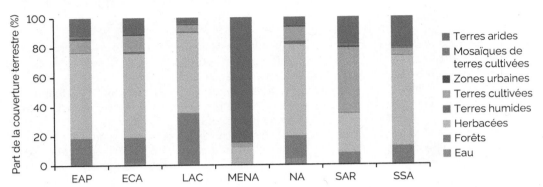

Sources : Calculs des auteurs utilisant Sulla-Menashe et Friedl (2018) et MODIS Land Cover Type (MCD12Q1) version 6, https://lpdaac
.usgs.gov/products/mcd12q1v006/.
Notes : La répartition régionale correspond aux définitions de la Banque mondiale. EAP : Asie de l'Est et Pacifique ; ECA : Europe et
Asie centrale ; LAC : Amérique latine et Caraïbes ; MENA : Moyen-Orient et Afrique du Nord ; NA : Amérique du Nord ; SAR : Asie du Sud ;
SSA : Afrique subsaharienne.

(seulement 1 % de ses terres sont arides), et plus de 90 % des terres sont classées comme
arides dans huit pays (Algérie, Arabie saoudite, Émirats arabes unis, Koweït, Libye, Oman,
Qatar et République arabe d'Égypte).

La cultivabilité des terres est fortement limitée par des facteurs géographiques et
climatiques. La région MENA a la plus faible superficie de terres cultivées par habitant au
monde et très peu de marge d'expansion. La figure 1.2 (graphique a), qui regroupe au niveau
régional les données nationales de FAOSTAT sur l'utilisation des terres, confirme qu'avec ses
62 millions d'hectares de terres cultivées, cette région possède la plus petite superficie de
terres cultivées au monde. Sur ce total, 10 millions d'hectares sont consacrés aux cultures
permanentes et 52 millions d'hectares sont des terres arables (voir encadré 1.1 pour les
définitions).

Cette pénurie est aggravée par le rapport déséquilibré entre les terres cultivées et la
population de la région. Alors que, d'après ces mesures, la région MENA possède 4 % des
terres cultivées du monde, elle abrite 6 % de la population mondiale. Si l'on considère la
superficie de terres cultivées par habitant (figure 1.2, graphique b), elle se situe en bas de
la distribution, juste légèrement au-dessus de la région Asie du Sud et de la région Asie de
l'Est et Pacifique. La superficie des terres cultivées par habitant (0,14 hectare) ne représente
que les deux tiers de la moyenne mondiale (0,20 hectare) et un quart de la moyenne nord-
américaine (0,54 hectare).

La figure 1.3 (graphique a) présente d'autres mesures des superficies de terres cultivées
évaluées directement de l'espace à l'aide des données MODIS Land Cover Type. Bien que les
chiffres de FAOSTAT et de MODIS diffèrent en raison de divergences concernant la définition
des terres cultivées et la nature des données (voir encadré 1.1), les données MODIS brossent
un tableau assez similaire et confirment que la région MENA est en bas de la distribution
avec seulement 38 millions d'hectares de terres cultivées. Vu de l'espace, elle semble être la
seule région où la superficie des terres cultivées par habitant ne fait même pas 0,1 hectare en
moyenne (figure 1.3, graphique b). La figure 1.4, qui présente la répartition des terres cultivées
et des terres cultivées par habitant dans la région MENA d'après les données MODIS, révèle
qu'il existe toutefois des variations importantes entre pays. Les pays méditerranéens, qui

Figure 1.2 **Superficies des zones de cultures permanentes et des terres arables, et superficies des terres cultivées par habitant, par région, 2018 (FAOSTAT)**

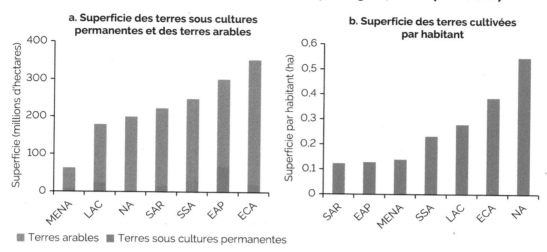

a. Superficie des terres sous cultures permanentes et des terres arables

b. Superficie des terres cultivées par habitant

■ Terres arables ■ Terres sous cultures permanentes

Sources : Calculs des auteurs utilisant les données FAOSTAT de l'Organisation des Nations Unies pour l'alimentation et l'agriculture, FAOSTAT (tableau de bord), http://www.fao.org/faostat/
Notes : EAP : Asie de l'Est et Pacifique ; ECA : Europe et Asie centrale ; LAC : Amérique latine et Caraïbes ; MENA : Moyen-Orient et Afrique du Nord ; NA : Amérique du Nord ; SAR : Asie du Sud ; SSA : Afrique subsaharienne ; ha : hectares.

Figure 1.3 **Superficies des terres cultivées et des mosaïques de terres cultivées par région, 2018 (MODIS)**

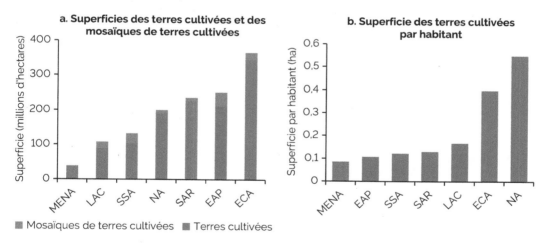

a. Superficies des terres cultivées et des mosaïques de terres cultivées

b. Superficie des terres cultivées par habitant

■ Mosaïques de terres cultivées ■ Terres cultivées

Source : Calculs des auteurs utilisant MODIS Land Cover Type (MCD12Q1) version 6, https://lpdaac.usgs.gov/products/mcd12q1v006/.
Notes : EAP : Asie de l'Est et Pacifique ; ECA : Europe et Asie centrale ; LAC : Amérique latine et Caraïbes ; MENA : Moyen-Orient et Afrique du Nord ; NA : Amérique du Nord ; SAR : Asie du Sud ; ASS : Afrique subsaharienne ; ha = hectare.

jouissent d'un climat plus favorable le long de leur littoral, possèdent plus de terres cultivées par habitant que les pays du Golfe, où le climat est plus aride. Dans le Croissant fertile, même un pays comme la République islamique d'Iran, qui possède de vastes étendues cultivées, n'a pas beaucoup de terres cultivées par habitant compte tenu de sa nombreuse population. De fait, la superficie de terres cultivées par habitant dans les pays les mieux lotis de la région

Figure 1.4 Superficies des terres cultivées et des mosaïques de terres cultivées dans la région MENA, 2018 (MODIS)

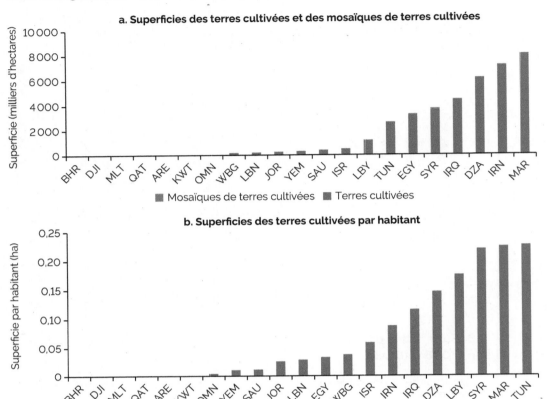

a. Superficies des terres cultivées et des mosaïques de terres cultivées

b. Superficies des terres cultivées par habitant

Source : Calculs des auteurs utilisant MODIS Land Cover Type (MCD12Q1) version 6, https://lpdaac.usgs.gov/products/mcd12q1v006/
Notes : ARE : Émirats arabes unis ; BHR : Bahreïn ; DJI : Djibouti ; DZA : Algérie ; EGY : République arabe d'Égypte ; IRN : République islamique d'Iran ; IRQ : Iraq ; ISR : Israël ; JOR : Jordanie ; KWT : Koweït ; LBN : Liban ; LBY : Libye ; MAR : Maroc ; MLT : Malte ; OMN : Oman ; QAT : Qatar ; SAU : Arable saoudite ; SYR : République arabe syrienne ; TUN : Tunisie ; GBM : Cisjordanie et Gaza ; YEM : République du Yémen ; ha : hectares.

MENA — Maroc, République arabe syrienne et Tunisie — ne représente qu'environ 40 % de la même mesure pour l'Amérique du Nord.

La rareté des terres cultivées rend compte des limites agroécologiques à toute expansion : dans l'ensemble, il y a très peu de marge dans la région MENA pour étendre la superficie des terres cultivées sans diminuer davantage les ressources en eau. Cette situation est illustrée par des estimations de la proportion de prairies existantes qui pourrait être convertie à l'agriculture pluviale, estimations qui peuvent être établies en superposant des informations spatiales concernant la cultivabilité des terres et des données de couverture terrestre (voir la méthodologie à l'annexe 1A). Bien que cet indicateur soit relativement grossier, il donne une bonne idée des limites à l'expansion agricole dans la région. Comme indiqué au tableau 1A.1 de cette annexe, dans un scénario d'intrants élevés pour la production agricole, la part totale de prairies de la région MENA où l'on pourrait pratiquer sans irrigation au moins une des sept principales cultures échangées internationalement équivaut à moins de 10 % de la superficie totale actuelle de terres cultivées de la région (contre 150 % dans le monde). Pour pratiquer sans irrigation au moins une des 27 grandes cultures déjà présentes dans la région, on ne pourrait pas étendre la superficie des terres cultivées de plus de 17 %. Le potentiel d'augmentation de la production agricole dans la région est donc extrêmement limité, car les terres y sont dans une large mesure dégradées et l'intensification à grande échelle n'est pas non plus une option durable.

La région MENA est de loin la région du monde la plus exposée à la sécheresse. La figure 1.5 montre la répartition de la superficie des terres cultivées en fonction de l'exposition à la sécheresse pour toutes les régions (graphique a) et spécifiquement pour la région MENA (graphique b). Cette répartition a été obtenue en superposant les emplacements actuels des terres cultivées à une mesure de sécheresse sur une période de 15 ans obtenue par imagerie satellitaire. L'exposition médiane à des conditions de sécheresse sévère est de 55 mois sur cette période. Les terres cultivées de la région MENA sont donc exposées à des conditions de sécheresse 30 % du temps, soit en moyenne quatre mois par an. Ajoutée aux fluctuations imprévisibles des températures et des quantités de précipitations, la sécheresse est une grave contrainte qui accélère le rythme de dégradation des terres (IPCC, 2019).

Les superficies cultivées diminuent plus rapidement dans la région MENA que dans toutes les autres régions du monde. L'étude de la dynamique d'évolution de la couverture terrestre à l'échelle mondiale montre que les superficies de terres cultivées sont loin d'être statiques, les terres cultivées augmentant dans certaines zones tandis qu'elles diminuent dans d'autres. Il ressort de l'analyse d'images satellitaires de 2003 à 2018 que toutes les régions du monde ont connu des niveaux élevés de gains et de pertes de terres cultivées au cours de cette période (tableau 1.1), mais que le taux brut de pertes dans la région MENA n'était pas le plus élevé malgré le changement climatique et la salinisation. Ce résultat peut donner une idée des efforts déployés par les pays de la région pour préserver les terres cultivées (en particulier par le biais de programmes d'irrigation). En ce qui concerne les gains de terres cultivées,

Figure 1.5 Exposition des terres cultivées à la sécheresse dans toutes les régions du monde et dans la région MENA, 2003–2018

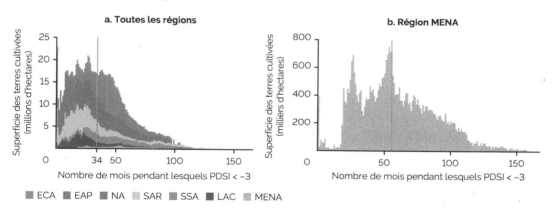

Sources : Calcul des auteurs utilisant Climatology Lab, TERRACLIMATE, https://www.climatologylab.org/terraclimate.html; et MODIS Land Cover Type (MCD12Q1) version 6, https://lpdaac.usgs.gov/products/mcd12q1v006/.
Notes : Cette figure montre la répartition des surfaces cultivées en fonction du nombre de mois de sécheresse au cours de la période 2003–2018 pour toutes les régions du monde (graphique a) et pour la région MENA (graphique b). Les sites cultivés sont identifiés à l'aide des données MODIS Land Cover Type à une résolution de 500 × 500 mètres. Les informations géographiques sur la sécheresse, définie comme le nombre de mois pendant lesquels l'indice de sévérité de la sécheresse de Palmer (PDSI) est inférieur à -3, sont tirées de TERRACLIMATE (Climatology Lab, https://www.climatologylab.org/terraclimate.html). La droite verticale rouge indique le nombre médian de mois de sécheresse pour les terres cultivées en 2018. EAP : Asie de l'Est et Pacifique ; ECA : Europe et Asie centrale ; LAC : Amérique latine et Caraïbes ; MENA : Moyen-Orient et Afrique du Nord ; NA : Amérique du Nord ; SAR : Asie du Sud ; SSA : Afrique subsaharienne ; ha : hectares.

Tableau 1.1 Gains et pertes de terres cultivées par région, 2003–2018

Gains et pertes de terres cultivées	EAP	ECA	LAC	MENA	NA	SAR	SSA
Taux de variation des superficies de terres cultivées	–2,0	–2,3	14,3	–2,4	0,4	2,3	–1,3
Pourcentage de terres cultivées perdues	11,7	8,9	13,8	11	6,5	4,5	20,3
Pourcentage de terres cultivées gagnées (à partir de terres arides)	10,57 (0,00)	6,9 (0,00)	23,8 (0,01)	9 (0,23)	6,94 (0,00)	6,9 (0,05)	19,29 (0,00)

Sources : Calculs des auteurs utilisant Sulla-Menashe et Friedl (2018); MODIS Land Cover Type (MCD12Q1) version 6, https://lpdaac.usgs.gov/products/mcd12q1v006/.
Notes : EAP : Asie de l'Est et Pacifique ; ECA : Europe et Asie centrale ; LAC : Amérique latine et Caraïbes ; MENA : Moyen-Orient et Afrique du Nord ; NA : Amérique du Nord ; SAR : Asie du Sud ; SSA : Afrique subsaharienne.

Figure 1.6 Changement d'affectation des terres dans la région MENA, 2003–2018

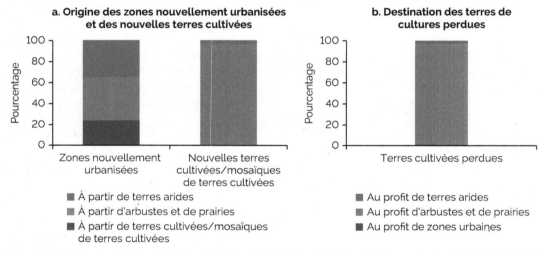

Source : Calculs des auteurs basés sur MODIS Land Cover Type (MCD12Q1) version 6, https://lpdaac.usgs.gov/products/mcd12q1v006/.

la caractéristique notable est que la part des terres nouvellement cultivées provenant de zones précédemment classées comme arides est plus élevée dans la région MENA que partout ailleurs, ce qui s'explique probablement par la mise en valeur des terres désertiques pratiquée couramment dans la région. Alors que le résultat net de cette dynamique a été un gain général de superficie des terres cultivées dans certaines régions (Amérique latine, Asie du Sud et Amérique du Nord), toutes les autres régions ont connu des pertes nettes et globalement, la région MENA a perdu plus rapidement des terres cultivées que les autres régions (–2,4 % pour la période, soit –0,17 % par an).

Les empreintes urbaines se sont rapidement étendues dans la région MENA, souvent au détriment de terres cultivées déjà rares. Bien que les zones bâties ne représentent que 0,2 % de la couverture terrestre, elles se sont considérablement élargies au cours des dernières décennies. Les données MODIS Land Cover Type indiquent que l'étendue des zones urbanisées a augmenté de 10 % au cours de la période 2003-2018, ce qui est nettement moins important qu'en Asie et en Afrique subsaharienne, mais beaucoup plus que dans d'autres régions[2]. Dans les pays MENA, les villes croissent souvent sur des terres agricoles de bonne qualité situées en zone périurbaine. Les images satellitaires montrent qu'au cours des 15 dernières années, 24 % de la croissance spatiale urbaine de la région s'est produite sur des terres précédemment cultivées (voir figure 1.6, graphique a). Les chiffres de l'expansion urbaine vers les terres cultivées sont même beaucoup plus élevés pour certaines économies : 39 % en Cisjordanie et à Gaza, 43 % en Syrie et 47 % en Égypte sur la même période de 15 ans[3]. Pour l'ensemble de la région, cela représente la destruction d'à peine 0,1 % de la superficie totale des terres cultivées (figure 1.6, graphique b), mais plus de 0,9 % de la superficie des terres cultivées en Égypte et 1,8 % en Cisjordanie et à Gaza a été perdue à cause de la croissance urbaine. Dans ce contexte, la question de savoir si la conversion de terres agricoles en terres urbaines doit être empêchée ou bien laissée aux forces du marché est importante du point de vue des politiques publiques, et est examinée plus en détail dans le présent rapport.

PRINCIPAUX DÉTERMINANTS DE L'USAGE DES SOLS DANS LES PAYS DE LA RÉGION MENA

La présente section évalue les principaux déterminants de l'usage des sols (démographie, climat, institutions et conflits[4]) pour les villes et l'agriculture dans la région MENA. D'une manière générale, les ressources naturelles ont une grande influence sur l'endroit où les populations vivent et où se localisent les activités économiques, en particulier dans les régions arides. Un coup d'œil rapide sur une carte montre que dans les pays MENA, les villes et l'activité agricole sont localisées essentiellement le long du littoral et à proximité de cours d'eau. Ces zones sont plus attrayantes parce qu'elles ont un climat plus doux, que leurs terres sont plus propices à l'agriculture et qu'elles sont plus accessibles pour le commerce. Toutefois, l'utilisation des terres peut changer au fil du temps, compte tenu de l'évolution des besoins et des situations des économies.

La croissance de la population urbaine dans la région MENA a favorisé l'expansion des villes comme ailleurs dans le monde. Dans les pays de la région, les zones bâties n'ont cessé de s'étendre en réponse à une population urbaine augmentant de 2,5 % par an au cours des deux dernières décennies[5]. Mais les villes de la région ont réagi à la croissance de la population en utilisant les terres d'une manière peu efficiente, les densités de population diminuant dans les métropoles. Les effets de la croissance de la population urbaine sur l'utilisation du sol peuvent être quantifiés à l'aide de la base de données des indicateurs urbains d'ONU-Habitat (UN-Habitat, 2018) qui permet de représenter le taux de croissance de l'empreinte urbaine en fonction du taux de croissance démographique des villes pendant la période 2000-2015 (figure 1.7).

Il ressort d'une analyse statistique simple que l'élasticité de la population à l'empreinte urbaine est de 0,93 %, ce qui signifie qu'une augmentation de 10 % de la population s'accompagne d'une expansion spatiale de 9,3 %. Ainsi, une augmentation de 10 % de la population d'une ville hypothétique de 100 000 hectares nécessiterait la conversion de 9 300 hectares de terres en zone bâtie. Fait intéressant, l'élasticité des villes de la région MENA est supérieure de près de 14 % à celle du reste du monde, ce qui signifie que ces villes réagissent en moyenne moins efficacement que les autres villes du monde à une demande d'espace. Cela est conforme aux constatations d'une étude récente de la Banque mondiale qui montre que les villes de la région MENA ont tendance à se développer de manière fragmentée et

Figure 1.7 Croissance de l'empreinte urbaine et de la population urbaine dans la région MENA et le reste du monde, 2000–2015

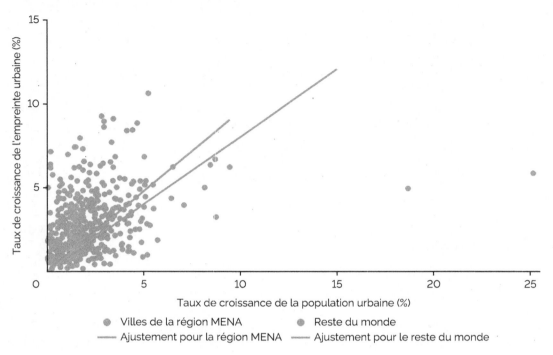

Source : Calculs des auteurs utilisant les données d'ONU-Habitat (2018).
Notes : La figure distingue les villes de la région MENA (points jaunes) et celles du reste du monde (points gris). Le taux de croissance de l'empreinte urbaine est déterminé par la formule mathématique $ln(Urb_{t+1}/Urb_t)/y$, où Urb_{t+1} et Urb_t sont les superficies totales de l'empreinte urbaine l'année en cours et l'année initiale, respectivement, et y est le nombre d'années entre les deux mesures. De même, la croissance de la population urbaine est déterminée par la formule $ln(Pop_{t+1}/Pop_t)/y$. Les données disponibles portent sur 581 villes. Une autre base de données légèrement plus grande est disponible pour la même période dans la publication d'ONU-Habitat, mais elle ne fournit que le rapport de ces deux taux et non les taux eux-mêmes.

tentaculaire (World Bank, 2020). L'analyse d'une base de données complémentaire sur les populations et les empreintes urbaines construite par Blankespoor, Khan et Selod (2017) montre que les grandes villes de la région (celles de 300 000 habitants ou plus) sont encore moins efficaces dans leur expansion spatiale que les petites villes, avec une élasticité estimée à 1,15 contre 0,73 pour ces dernières[6]. Une élasticité supérieure à 1 indique que les densités globales de ces grandes villes ont tendance à diminuer à mesure que la population urbaine augmente.

La croissance démographique, le stress climatique et la faiblesse de l'administration foncière sont probablement les principaux déterminants des changements d'affectation à partir ou vers des terres agricoles. Dans la région MENA, la croissance démographique et l'accroissement des revenus ont tendance à stimuler la demande de terres agricoles (pour la consommation alimentaire locale) tant au niveau national qu'à l'étranger, par le biais des importations et des investissements directs à l'étranger (IDE). Parallèlement, des facteurs climatiques rigoureux (dégradation des terres due aux températures élevées, aux faibles précipitations, à la salinisation et à l'élévation du niveau de la mer) limitent les possibilités d'exploitation des terres à des fins agricoles dans cette région. Un document de référence élaboré pour la présente étude (Park et al., à paraître) s'appuie sur la base de données MODIS Land Cover Type à l'échelle mondiale pour examiner comment ces facteurs influent sur la dynamique spatiale des terres cultivées, en considérant plus particulièrement les pertes brutes dans ce domaine. Bien que des augmentations et des diminutions modérées des superficies des terres cultivées soient à prévoir du fait de l'activité agricole, l'étude confirme que la sécheresse, la faible adaptation des terres, la salinité (mesurée par la proximité du littoral) et le faible potentiel d'irrigation avec les eaux de surface (mesuré par la distance par rapport aux cours d'eau) contribuent tous à la dégradation des terres. Outre ces facteurs biophysiques, l'étude constate que les terres se dégradent plus rapidement (voir encadré 1.2 et annexe 1B pour la méthodologie

Encadré 1.2 Déterminants de la perte de terres cultivées dans le monde

Les données longitudinales MODIS Land Cover Type (voir encadré 1.1) ont été utilisées pour déterminer les gains et les pertes de terres cultivées dans le monde entre 2003 et 2018 pour chaque pixel (500 × 500 mètres). Les transitions de couverture terrestre dans chaque pixel ont ensuite été combinées avec diverses bases de données géoréférencées fournissant des mesures de facteurs locaux susceptibles d'influer sur la dynamique des terres cultivées. Ces facteurs comprennent des *variables biophysiques* (températures, précipitations, sévérité des sécheresses, distance par rapport aux cours d'eau, distance du littoral) et des *caractéristiques démographiques* des mesures locales *d'infrastructure* (durée du trajet jusqu'à la ville la plus proche). Une analyse empirique est ensuite effectuée en deux étapes, afin de distinguer les déterminants locaux des déterminants nationaux.

Déterminants locaux

Les gains et pertes de surfaces cultivées (pour le monde entier, à une résolution de 500 mètres) font d'abord l'objet d'une régression sur les possibles déterminants locaux figurant dans la base de données et sur des effets fixes pays. Ces effets fixes, qui sont utilisés dans la deuxième étape de l'analyse, mesurent l'impact de l'ensemble des déterminants communs à tous les pixels dans un même pays. Les résultats de cette première étape (annexe 1B, tableau 1B.1) montrent qu'il y a une forte corrélation entre les pertes de terres cultivées et les chocs climatiques défavorables, la distance par rapport aux cours d'eau (en raison de l'aridité et de la difficulté d'irrigation), la proximité du littoral (compte tenu de la salinisation) et la durée du trajet vers les marchés locaux (en raison des coûts de transport).

Déterminants nationaux

Dans la deuxième étape, les effets fixes par pays estimés lors de la première étape sont régressés sur des variables nationales mesurant les contextes économiques et institutionnels (annexe 1B, tableau 1B.2). L'analyse révèle qu'il y a une corrélation positive entre les pertes de terres cultivées et les facteurs qui peuvent entraîner la dégradation des terres du fait d'une utilisation plus intense de celles-ci, à savoir une faible superficie de terres cultivées par habitant et un PIB par habitant élevé. Elle montre en outre que les sociétés inégalitaires (avec un indice de Gini élevé) ont tendance à dégrader plus rapidement les terres, ce qui pourrait indiquer que les pauvres adoptent des stratégies de subsistance non durables dans leur exploitation des terres. Enfin, la régression révèle que le score « Doing Business » pour l'indicateur de qualité de l'administration foncière[a] réduit le rythme de dégradation des terres, ce qui indique que les administrations foncières efficaces jouent un rôle dans la préservation des ressources naturelles.

Pour en savoir plus, lire Park et al. (à paraître).

a. Base de données *Doing Business* 2004–2020 de la Banque mondiale, https://archive.doingbusiness.org/en/doingbusiness

et les résultats de la régression) dans les sociétés plus riches et plus inégalitaires ou dans des pays où la pression démographique sur l'utilisation des terres (inversement mesurée par la superficie de terres cultivées par habitant) est plus forte et où les administrations foncières sont inefficaces. L'impact de la rareté des terres et de la mauvaise gouvernance foncière sur la perte de terres cultivées est illustré à la figure 1.8, qui représente un indicateur de dégradation des terres au niveau national en fonction de la superficie de terres cultivées par habitant (graphique a) et de la qualité de l'administration foncière (graphique b) mesurée par le projet «Doing Business» de la Banque mondiale[7].

Les conflits qui déchirent la région MENA[8] ont un impact sur l'utilisation des terres du fait de la perte de droits de propriété et des déplacements de populations. Ils ont conduit à l'abandon temporaire de terres cultivées en Syrie et à l'expansion des terres cultivées de l'autre côté de la frontière syro-turque. Les événements violents peuvent avoir des répercussions importantes sur l'utilisation des terres, en particulier dans les zones rurales où on peut assister à la perte de droits fonciers, à la perturbation de l'activité agricole et au déplacement forcé des populations. Par exemple, une récente étude révèle une forte diminution des zones cultivées à la suite des attaques militaires de Saddam Hussein contre les Kurdes dans le Kurdistan irakien en 1988 (Eklund, Persson et Pilesjö, 2016). Ces changements d'affectation des terres sont profonds dans bien des cas, et seul un faible pourcentage des champs abandonnés sont remis en culture immédiatement après la cessation des hostilités[9].

Pour la présente étude, Ozden et al. (à paraître) évaluent les effets de la guerre civile en Syrie sur l'utilisation des terres[10]. Leurs travaux visent à déterminer les effets du conflit sur les surfaces cultivées, lesquelles sont directement mesurées par satellite à l'aide des données MODIS. Ils examinent la localisation d'un grand nombre de changements — autour de la

Figure 1.8 Effets de la rareté des terres et de la gouvernance foncière sur la perte de terres cultivées par région

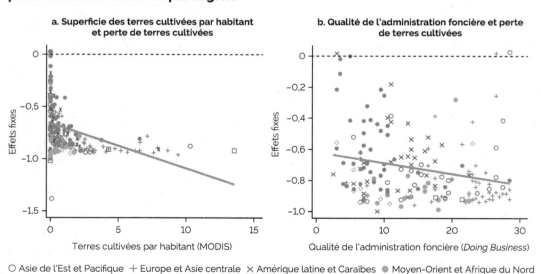

Sources : Graphique a : calculs des auteurs à partir de MODIS Land Cover Type (MCD12Q1) version 6, https://lpdaac.usgs.gov/products /mcd12q1v006/ ; graphique b : calculs des auteurs à partir de la base de données *Doing Business* 2004–2020 de la Banque mondiale, https://archive.doingbusiness.org/en/doingbusiness

frontière syro-turque — où on peut estimer les effets du conflit sur la dynamique des terres cultivées en comparant des zones similaires sur le plan agroécologique de chaque côté de la frontière (voir encadré 1.3 pour une brève description de la méthodologie). Toutefois, la Turquie n'a probablement été touchée qu'indirectement par le conflit, car l'afflux massif de populations et les camps de réfugiés situés de son côté de la frontière pourraient y avoir

Encadré 1.3 Impact du conflit syrien sur les terres cultivées

Il est difficile d'estimer l'impact d'un conflit sur l'utilisation des terres agricoles, car cela nécessite d'isoler l'effet de ce conflit des autres facteurs pouvant expliquer le changement de l'utilisation des terres. Pour surmonter ce problème, on applique une régression sur discontinuité géographique (RDG) afin de comparer les changements d'utilisation des terres dans les zones agricoles (mesurés de l'espace grâce aux données MODIS) des deux côtés de la frontière entre la République arabe syrienne et la Turquie. Du fait de la disponibilité de données annuelles d'utilisation des terres pour chaque pixel de 500 × 500 mètres, l'approche de RDG peut être combinée à une différence de différences (DD). Ce cadre empirique unifié permet de déterminer comment le conflit réduit les surfaces cultivées en Syrie par rapport à la Turquie chaque année et de décomposer l'écart en termes de pertes en Syrie et de gains en Turquie, compte tenu à la fois des événements violents en Syrie et du déplacement de populations de ce pays en Turquie.

La figure E1.3.1 représente le coefficient principal de la régression. Celui-ci mesure le taux cumulé de l'évolution des terres cultivées en Syrie (par rapport à la Turquie) imputable au conflit. Il en ressort clairement que la dynamique des terres cultivées entre les deux pays a commencé à diverger en 2011 lorsque le conflit a éclaté en Syrie, et a atteint son maximum en 2017 avec une diminution cumulée de 12 % de la superficie des terres cultivées côté syrien de la frontière par rapport au côté turc. Une réduction de l'effet en 2018 (et même une inversion en 2019) indique que l'impact pourrait avoir été transitoire[a].

Figure E1.3.1 Réduction de la superficie des terres cultivées en République arabe syrienne par rapport à la Turquie en raison du conflit en Syrie, 2010–2019

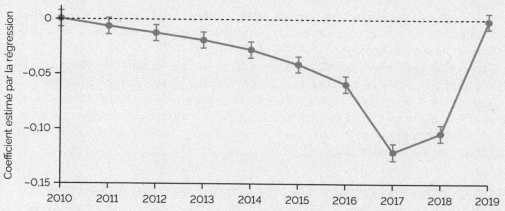

Source : Calculs des auteurs basés sur MODIS Land Cover Type (MCD12Q1) version 6, https://lpdaac.usgs.gov/products /mcd12q1v006/.
Note : Le graphique présente le coefficient estimé grâce à l'approche combinée RDG/DD mise en œuvre dans Ozden et al. (à paraître). Il mesure le taux cumulé estimé de diminution de la superficie des terres cultivées en Syrie par rapport à la Turquie en raison du conflit en Syrie. DD : différence de différences ; RDG : régression sur discontinuité géographique.
a. Pour en savoir plus, voir Ozden et al. (à paraître)

Carte 1.1 Changement d'utilisation des terres de chaque côté de la frontière entre la République arabe syrienne et la Turquie, 2009–2017

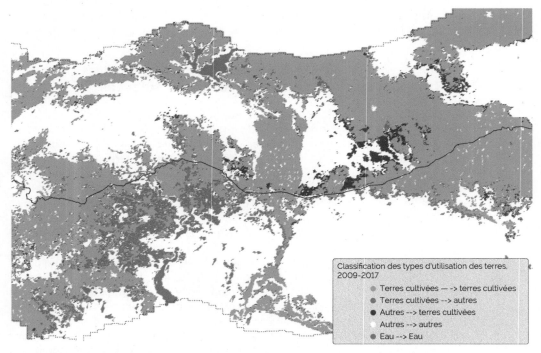

Source : MODIS Land Cover Type (MCD12Q1) version 6, https://lpdaac.usgs.gov/products/mcd12q1v006/.
Note : La ligne noire représente la frontière syro-turque, avec la Syrie au sud et la Turquie au nord de la frontière.

augmenté l'offre de main-d'œuvre dans le secteur agricole. La carte 1.1, qui représente les changements d'utilisation des sols dans la zone d'étude entre 2009 (avant le conflit) et 2017, confirme que des terres cultivées ont été abandonnées (points rouges) principalement en Syrie, alors que de nouvelles terres cultivées (points noirs) sont principalement apparues en Turquie, au nord de la frontière.

Ozden et al. (à paraître) estiment que le conflit en Syrie a entraîné une diminution de 7 % de la superficie des terres cultivées côté syrien et une augmentation de 5 % côté turc, soit un écart de 12 % entre les deux pays. Il semble toutefois que l'effet ait été temporaire et ait cessé en 2019 (encadré 1.3, figure E1.3.1). Au vu de publications précédentes sur les conflits et l'utilisation des terres, cela est surprenant et semble indiquer une résilience inattendue, peut-être sous les efforts de stabilisation des parties impliquées.

TENDANCES FUTURES ET IMPACT SUR LA DEMANDE DE TERRES

La dégradation des terres et la désertification[11] en cours depuis longtemps dans la région MENA, en particulier en Algérie, en Égypte, en Jordanie, au Maroc, en République islamique d'Iran et en Syrie (IPCC, 2019), ont des coûts économiques élevés. Elles sont dues à des facteurs à la fois climatiques et anthropologiques. Les experts prévoient que de fortes fluctuations des températures et la sécheresse continueront de dégrader les terres, ce qui posera des problèmes majeurs pour l'activité agricole. On estime par exemple que les températures augmenteront de 1,8 à 4,1 degrés Celsius d'ici 2050 en Arabie saoudite, entraînant un accroissement de 5 à 15 % de la demande d'eau pour l'agriculture, et touchant plus particulièrement les oasis (IPCC, 2019). Entre autres interventions humaines qui contribuent à la dégradation des terres dans la région MENA, on peut citer les pratiques agricoles non durables (Abu Hammad et Tumeizi, 2012 ; Jendoubi et al., 2020), les politiques gouvernementales (Nielsen et Adriansen, 2005) et le rôle des institutions (comme confirmé dans l'analyse effectuée dans la section précédente). La dégradation des terres à cette échelle a un coût économique élevé. Par exemple, Réquier-Desjardins et Bied-Charreton (2006) estiment ce coût à environ 1 % du PIB de l'Algérie et de l'Égypte et 0,5 % du PIB du Maroc et de la Tunisie. La dégradation des terres coûte en moyenne 1 % du PIB dans les pays MENA (World Bank, 2019).

Étant donné que la plupart des villes et des activités agricoles de la région sont localisées le long des côtes, le recul du littoral et l'élévation du niveau de la mer constituent des menaces pour l'ensemble de la région et augmentent les risques d'inondation, d'infiltration d'eau de mer dans les aquifères et de salinisation des terres. Une base de données de l'impact de l'élévation du niveau de la mer permet de prévoir les superficies de terres touchées dans les régions concernées par ce phénomène dans différents scénarios allant d'une élévation de 1 à 5 mètres[12]. Les chiffres montrent qu'entre 0,4 et 0,8 % des terres de la région MENA seraient touchées. Mais pour certains pays, ces chiffres sont beaucoup plus élevés. Par exemple, entre 2,7 et 13,3 % du territoire du Qatar serait touché. Une élévation du niveau de la mer aura de graves conséquences sur l'espace urbain : avec une élévation de 5 mètres, 13,3 % des terres urbaines seraient touchées aux Émirats arabes unis, 11,6 % en Égypte et 10,9 % en Libye. En conséquence, la disponibilité des terres est de plus en plus limitée à la fois par l'avancée du désert et de la mer.

Il ressort des prévisions démographiques et économiques concernant la région MENA que la demande de terres augmentera sensiblement à l'avenir dans cette région. Les 40 % d'accroissement de la population prévus pour la région (qui devrait atteindre 650 millions d'habitants) d'ici 2050, ajoutés à l'augmentation des revenus (et donc à des régimes alimentaires plus riches en calories), stimuleront à coup sûr la demande de terres pour la production alimentaire, à moins que la demande supplémentaire de produits vivriers ne soit entièrement absorbée par les importations ou une hausse (improbable) de la productivité[13]. D'après les prévisions, la population urbaine de la région devrait augmenter encore plus rapidement, à savoir de plus de 60 % (ce qui représente un accroissement de 190 millions de personnes) d'ici 2050, tandis que la population rurale devrait stagner ou diminuer. L'énormité de cette augmentation (qui est supérieure à la population actuelle combinée de la France, de l'Espagne et du Royaume-Uni) signifie que dans les conditions actuelles d'expansion urbaine (figure 1.7) et compte tenu de l'élasticité correspondante de la consommation d'espace par rapport à la population, l'empreinte urbaine dans la région MENA devrait s'étendre de plus de 50 % d'ici 2050[14]. Sur la base de la superficie totale actuelle des zones bâties dans la région (mesurée de l'espace grâce aux données MODIS), cela correspondrait à 2,6 millions d'hectares de nouvelles terres urbaines.

Si les tendances climatiques et démographiques se poursuivent comme prévu, les terres agricoles deviendront beaucoup plus rares dans la région MENA, tombant à un niveau qui pourrait engendrer une crise majeure si rien n'est fait. Cette crise imminente est illustrée par la diminution spectaculaire de la superficie des terres agricoles par habitant dans la région depuis des décennies. La figure 1.9 montre la diminution passée et projetée (jusqu'en 2050) de la superficie des terres agricoles par habitant, compte tenu de la croissance démographique prévue dans la région[15]. Ce contexte de rareté croissante soulève d'importantes questions stratégiques concernant la meilleure façon d'utiliser les terres pour soutenir les objectifs économiques et sociaux ainsi que ceux liés à la durabilité et la souveraineté. Concrètement, la région est confrontée à un dilemme, à savoir comment utiliser au mieux les terres pour le logement, l'industrie, les activités commerciales ou la production agricole tout en conservant les ressources en eau et en poursuivant les objectifs d'autosuffisance et de sécurité alimentaires[16]. L'autosuffisance alimentaire, en particulier, est un objectif central dans la région MENA depuis les années 1970, qui a des implications importantes pour l'utilisation des terres. Comme indiqué au chapitre 5, les politiques pour y donner suite ont pris différentes formes, de la préservation des terres agricoles dans les zones périurbaines à la restauration des terres et «l'exportation» des besoins en terres par l'importation de denrées alimentaires ou l'acquisition directe de terres agricoles à l'étranger.

Figure 1.9 Disponibilité de terres agricoles par habitant dans la région MENA, 1961–2050

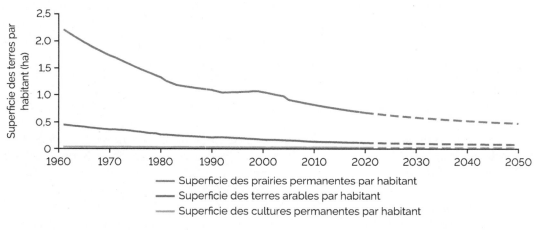

Sources : Calculs des auteurs basés sur les données de l'Organisation des Nations Unies pour l'alimentation et l'agriculture, FAOSTAT (base de données), http://www.fao.org/faostat/; United Nations (2019).
Note : ha : hectares.

ANNEXE 1A : POTENTIEL D'EXPANSION DES TERRES CULTIVÉES

Les données de couverture terrestre de la base MODIS ont été superposées aux mesures de cultivabilité des terres d'après la base de données GAEZ V4.0 pour les 27 cultures principales de la région MENA mentionnées dans l'ouvrage conjoint OCDE/FAO (2018)[17]. Cette superposition révèle que seulement 6,3 millions d'hectares de prairies dans la région MENA conviendraient à l'agriculture pluviale dans le cadre d'un scénario de culture à forte intensité d'intrants. Ce chiffre représente une augmentation maximale potentielle d'à peine 16,5 % de la superficie actuelle des terres cultivées, mesurée à l'aide de données MODIS. Si on reprend ce calcul avec sept grandes cultures internationales, on trouve que seulement 3,7 millions d'hectares de prairies de la région MENA seraient adaptées à l'agriculture pluviale dans un scénario de culture à forte intensité d'intrants, soit une augmentation maximale potentielle de 9,6 % de la superficie actuelle des terres cultivées. Le tableau 1A.1 présente ces «marges d'expansion» par région pour ces sept grandes cultures internationales.

Tableau 1A.1 Superficie des terres cultivées et potentiel d'expansion (sept grandes cultures internationales) par région

Région	Terres cultivées (millions d'hectares)	Terres disponibles pour l'agriculture pluviale (millions d'hectares)	Taux par rapport aux terres cultivées (%)
Asie de l'Est et Pacifique	252,5	237,5	94,1
Europe et Asie centrale	365,7	223,1	61,0
Amérique latine et Caraïbes	106,9	499,6	467,4
Moyen-Orient et Afrique du Nord	38,3	3,7	9,6
Amérique du Nord	200,1	259,4	129,6
Asie du Sud	235,9	28,5	12,1
Afrique subsaharienne	131,9	755,8	573,0
Total Monde	**1 331,3**	**2 007,6**	**150,8**

Sources : MODIS Land Cover Type (MCD12Q1) version 6, https://lpdaac.usgs.gov/products/mcd12q1v006/; Organisation pour l'alimentation et l'agriculture, FAO Global Agro-Ecological Zones (GAEZ) V4.0, https://gaez.fao.org/; Union internationale pour la conservation de la nature (UICN).
Notes : Les terres cultivées comprennent les catégories terres cultivées et mosaïques de terres cultivées de la base de données MODIS (voir encadré 1.1 pour les définitions). Les terres disponibles pour l'agriculture pluviale comprennent toutes les terres classées comme des prairies par MODIS (en dehors des aires protégées) et dont l'adéquation à l'agriculture pluviale pour au moins une des sept cultures principales est bonne, élevée ou très élevée pour le scénario d'intrants élevés, selon GAEZ V4.0. Ces sept cultures sont le manioc, le maïs, le palmier à huile, le sorgho, le soja, la canne à sucre et le blé. ha : hectares.

ANNEXE 1B : DÉTERMINANTS DE LA DÉGRADATION DES TERRES À TRAVERS LE MONDE

Tableau 1B.1 Déterminants de la dégradation des terres à travers le monde (étape 1)

Variable dépendante : diminution des terres cultivées	
(Constante)	9,886e-01***
	(1,648e-01)
Distance par rapport à la ville	1,497e-07***
	(9,628e-10)
Nombre de mois de sécheresse	5,473e-04***
	(2,151e-06)
Adéquation des terres à l'agriculture	−1,499e-03***
	(2,584e-06)
Distance par rapport au littoral	−1,429e-08***
	(1,413e-10)
Distance par rapport aux cours d'eau	−3,348e-08***
	(7,763e-10)
Effets fixes pays	Y
Nombre d'observations	48 374 216
R^2	0,06

Sources : Climate Hazards Center, Université de Californie, Santa Barbara, Climate Hazards Group InfraRed Precipitation with Station Data (CHIRPS), https://www.chc.ucsb.edu/data/chirps ; Climatology Lab, TERRACLIMATE (dashboard), Palmer Drought Severity Index (PDSI), https://www.climatologylab.org/terraclimate.html ; Natural Earth ; Organisation pour l'alimentation et l'agriculture, FAO Global Agro-Ecological Zones (GAEZ) V4.0, https://gaez.fao.org/ ; Blankespoor, Khan et Selod (2017).
Note : les écarts-types sont entre parenthèses.
***$p < 0,01$.

Tableau 1B.2 Déterminants de la dégradation des terres à travers le monde (étape 2)

Variable	(1)	(2)	(3)	(4)
Superficie des terres cultivées par habitant	−0,0430***	−0,0387***	−0,0375***	−0,0301***
	(0,00726)	(0,00731)	(0,00729)	(0,00684)
Qualité de l'administration foncière		−0,00387*	−0,00727***	−0,00577**
		(0,00221)	(0,00272)	(0,00266)
PIB par habitant (USD courants)			2,34e -06**	1,29e -06
			(1,07e-06)	(1,03e-06)
Indice de Gini				0,00386*
				(0,00222)

(le tableau continue à la page suivante)

Tableau 1B.2 Déterminants de la dégradation des terres à travers le monde (étape 2) *(suite)*

Variable	(1)	(2)	(3)	(4)
Constante	−0,660*** (0,0186)	−0,609*** (0,0354)	−0,590*** (0,0370)	−0,770*** (0,104)
Nombre d'observations	187	171	167	148
R^2	0,160	0,188	0,213	0,237

Sources : Superficie de terres cultivées par habitant : MODIS 2018 (MODIS Land Cover Type [MCD12Q1] version 6, https://lpdaac .usgs.gov/products/mcd12q1v006/) ; Qualité de l'administration foncière : base de données *Doing Business* 2004–2020 de la Banque mondiale, https://archive.doingbusiness.org/en/doingbusiness ; PIB par habitant : base de données des Indicateurs du développement dans le monde de la Banque mondiale, https://databank.worldbank.org/source/world-development-indicators ; Indice de Gini : les valeurs les plus récentes figurent dans la base de données des Indicateurs du développement dans le monde de la Banque mondiale, https://databank.worldbank.org/source/world-development-indicators.
Note : Les écarts-types sont entre parenthèses.
*p < 0,1 ; **p < 0,05 ; ***p < 0,01.

NOTES

1. Le présent rapport adopte la définition de la Banque mondiale selon laquelle la région Moyen-Orient et Afrique du Nord comprend les économies suivantes : Algérie, Arabie saoudite, Bahreïn, Cisjordanie et Gaza, Djibouti, Émirats arabes unis, Iraq, Israël, Jordanie, Koweït, Liban, Libye, Malte, Maroc, Oman, Qatar, République arabe d'Égypte, République arabe syrienne, République du Yémen, République islamique d'Iran et Tunisie.

2. De même, une base de données mondiale des empreintes urbaines indique que la superficie totale bâtie des villes de la région MENA a augmenté de 19 % entre 1990 et 2010 (Blankespoor, Khan et Selod, 2017).

3. Le phénomène est plus accentué en Égypte, où les villes et l'agriculture coexistent dans le delta et sur les rives du Nil.

4. L'impact des politiques sur l'utilisation des terres est examiné dans les chapitres suivants.

5. Ce chiffre est supérieur au taux annuel mondial d'augmentation de la population urbaine de 2,1 % sur la période 2000-2020 (United Nations, 2019).

6. Contrairement à l'analyse d'ONU-Habitat, qui utilise des données longitudinales, ces élasticités ont été obtenues avec des données transversales pour 2010 en utilisant la base de données compilée par Blankespoor, Khan et Selod (2017). Le coefficient supérieur à 1 pour les grandes villes signifie que celles-ci poursuivront leur expansion à mesure que leur population augmente, mais sa densité diminue.

7. Base de données «Doing Business» de la Banque mondiale, 2004–2020, https://archive.doingbusiness.org /en/doingbusiness. L'indicateur de dégradation des terres est l'effet fixe dans la régression de l'étape 1 décrite dans l'encadré 1.2. Plus sa valeur est élevée, plus la perte de terres cultivées est rapide.

8. La région est en proie à des conflits armés depuis des années, en particulier en Iraq, en Libye, en Syrie et en République du Yémen, pays qui abritent ensemble 21 % de la population de la région. Ces conflits ont entraîné des déplacements massifs de populations au sein et en dehors de la région MENA : 15 millions de personnes déplacées à l'intérieur de leur propre pays et 7,2 millions de réfugiés (soit 37 % des déplacés et 30 % des réfugiés du monde).

9. Toutefois, les conflits peuvent conduire les belligérants à augmenter la production agricole à des fins stratégiques d'autosuffisance alimentaire ou à utiliser la production agricole comme source de revenu. Par exemple, Jaafar et Woertz (2016) soutiennent que la production de blé, d'orge et de coton était une source de revenu essentielle pour l'État islamique en Iraq et au Levant (EIIL) en Syrie et en Iraq aux alentours de 2014-2016. En raison de la diminution de leur approvisionnement en produits alimentaires, les civils peuvent également réagir aux conflits en développant l'autoproduction, ce qui peut les conduire à mettre de nouvelles terres en culture.

10. Cette étude de cas vaut pour d'autres pays de la région qui connaissent des difficultés comparables. Elle se concentre sur l'abandon des terres cultivées, mais il existe également des preuves que le bâti a été largement endommagé dans les villes. Par exemple, Lubin et Saleem (2019) rapportent que 45 à 57 % d'Alep avaient été endommagés entre 2011 et 2017.

11. La *désertification* est définie comme la dégradation des terres dans des régions arides.

12. Voir S. Dasgupta, B. Laplante, C. Meisner, D. Wheeler et J. Yan, Sea-Level-Rise data set (SLR), 2006, https://datacatalog.worldbank.org (WLD_2006_SLR_v01_M) ; Dasgupta et al. (2009).

13. La productivité moyenne des terres dans la région MENA est très faible et seulement supérieure à celle de l'Afrique subsaharienne. La FAO et l'Organisation de coopération et de développement économiques (OCDE) rapportent que la valeur annuelle de la production brute des terres agricoles par hectare dans la région MENA représente environ 40 % de celle de l'Amérique du Nord et 10 % de celle de l'Europe occidentale avec son agriculture intensive (OECD/FAO, 2018). Cette faible productivité s'explique par la dégradation des terres et le choix de cultures tempérées à faible rendement, à l'exception, par exemple, de la production irriguée de céréales en Égypte.

14. Cette estimation régionale est confirmée par des études de villes particulières — par exemple, Khawaldah (2016) prédit que l'empreinte d'Amman augmentera de 44 % entre 2014 et 2030. On pourrait toutefois affiner encore ces estimations, en tenant compte de tous les facteurs qui sous-tendent la demande et la densité des terres urbaines, y compris les prévisions concernant la taille des ménages, le revenu (la terre étant un bien normal dont la consommation augmente avec le revenu) et les types d'urbanisation et d'occupation des sols (aménagements formels ou informels, types de logements et croissance verticale).

15. La figure 1.9 est basée sur l'hypothèse prudente selon laquelle les superficies des terres arables, des terres cultivées et des prairies resteront constantes dans le futur. La diminution par habitant pourrait toutefois se révéler encore plus forte, car les superficies agricoles devraient continuer de diminuer au lieu de rester constantes.

16. On trouvera une illustration de ce type de dilemme dans Radwan et al. (2019).

17. MODIS Land Cover Type (MCD12Q1) version 6, https://lpdaac.usgs.gov/products/mcd12q1v006/ ; Organisation des Nations Unies pour l'alimentation et l'agriculture, FAO Global Agro-Ecological Zones (GAEZ) V4.0, https://gaez.fao.org V4.0, https://gaez.fao.org. Voir également Fischer et al. (2021).

RÉFÉRENCES BIBLIOGRAPHIQUES

Abu Hammad, A., and A. Tumeizi. 2012. "Land Degradation: Socioeconomic and Environmental Causes and Consequences in the Eastern Mediterranean." *Land Degradation and Development* 23 (3): 216–26.

Blankespoor, B., A. Khan, and H. Selod. 2017. "A Consolidated Dataset of Global Urban Populations: 1969–2015." Technical note, World Bank, Washington, DC.

Dasgupta, S., B. Laplante, C. Meisner, D. Wheeler, and J. Yan. 2009. "The Impact of Sea-Level Rise on Developing Countries: A Comparative Analysis." *Climatic Change* 93 (3): 379–88.

Eklund, L., A. Persson, and P. Pilesjö. 2016. "Cropland Changes in Times of Conflict, Reconstruction, and Economic Development in Iraqi Kurdistan." *Ambio* 45 (1): 78–88.

Fischer, G., F. O. Nachtergaele, H. T. van Velthuizen, F. Chiozza, G. Franceschini, M. Henry, D. Muchoney, and S. Tramberend. 2021. "Global Agro-Ecological Zones v4 — Model Documentation." Food and Agriculture Organization, Rome. https://doi.org/10.4060/cb4744en.

IPCC (Intergovernmental Panel on Climate Change). 2019. *Climate Change and Land: An IPCC Special Report on Climate Change, Desertification, Land Degradation, Sustainable Land Management, Food Security, and Greenhouse Gas Fluxes in Terrestrial Ecosystems*, edited by P. R. Shukla et al. Geneva: IPCC.

Jaafar, H. H., and E. Woertz. 2016. "Agriculture as a Funding Source of ISIS : A GIS and Remote Sensing Analysis." *Food Policy* 64: 14–25.

Jendoubi, D., M. S. Hossain, M. Giger, J. Tomićević-Dubljević, M. Ouessar, H. Liniger, and C. I. Speranza. 2020. "Local Livelihoods and Land Users' Perceptions of Land Degradation in Northwest Tunisia." *Environmental Development* 33: 100507.

Khawaldah, H. A. 2016. "A Prediction of Future Land Use/Land Cover in Amman Area Using GIS-Based Markov Model and Remote Sensing." *Journal of Geographic Information System* 8 (3): 412–27.

Lubin, A., and A. Saleem. 2019. "Remote Sensing-Based Mapping of the Destruction to Aleppo during the Syrian Civil War between 2011 and 2017." *Applied Geography* 108: 30–38.

Nielsen, T. T., and H. K. Adriansen. 2005. "Government Policies and Land Degradation in the Middle East." *Land Degradation and Development* 16 (2): 151–61.

OECD (Organisation for Economic Co-operation and Development)/FAO (Food and Agriculture Organization). 2018. *OECD-FAO Agricultural Outlook 2018–2027*. Paris : OECD Publishing; Rome : FAO.

Ozden, C., J. Parada, H. Park, H. Selod, and S. Soumahoro. Forthcoming. "'Scorched and Revived': How the Syrian Conflict Caused Cropland Displacement." Background paper prepared for this report, World Bank, Washington, DC.

Park, H., H. Selod, S. Murray, and G. Chellaraj. Forthcoming. "The Drivers of Land Use Dynamics." Background paper prepared for this report, World Bank, Washington, DC.

Radwan, T. M., G. A. Blackburn, J. D. Whyatt, and P. M. Atkinson. 2019. "Dramatic Loss of Agricultural Land due to Urban Expansion Threatens Food Security in the Nile Delta, Egypt." *Remote Sensing* 11 (3): 332.

Réquier-Desjardins, M., and M. Bied-Charreton. 2006. "Évaluation économique des coûts économiques et sociaux de la désertification en Afrique." Centre d'Économie et d'Éthique pour l'Environnement et le Développement, Université de Versailles St Quentin-en-Yvelines, Paris.

Sulla-Menashe, D., and M. A. Friedl. 2018. *User Guide to Collection 6 MODIS Land Cover (MCD12Q1 and MCD12C1) Product.* Reston, VA : US Geological Survey.

UN Habitat. 2018. «Metadata on SDGs Indicator 11.3.1 Indicator Category: Tier II.» https://unhabitat.org/sites/default/files/2020/07/metadata_on_sdg_indicator_11.3.1.pdf.

United Nations. 2019. *World Urbanization Prospects: The 2018 Revision (ST/ESA/SER.A/420)*. Department of Economic and Social Affairs, Population Division. New York: United Nations.

World Bank. 2019. *Sustainable Land Management and Restoration in the Middle East and North Africa Region: Issues, Challenges, and Recommendations.* Washington, DC: World Bank.

World Bank. 2020. *Convergence : Five Critical Steps toward Integrating Lagging and Leading Areas in the Middle East and North Africa.* Washington, DC: World Bank.

CHAPITRE 2

Défis juridiques et institutionnels et problèmes de gouvernance liés à l'utilisation des terres dans les pays de la région MENA

INTRODUCTION

Ce chapitre décrit les cadres institutionnels et juridiques en place dans la région Moyen-Orient et Afrique du Nord pour les questions foncières, en indiquant comment ils se sont constitués au fil du temps. Il présente également les principaux défis en matière de gouvernance et d'administration foncière dans la région.

FONDEMENTS HISTORIQUES DES CADRES JURIDIQUES DANS LA RÉGION MENA

Les systèmes fonciers actuels des pays MENA ont été fortement façonnés par l'histoire de la région et les différents régimes politiques qui y ont régné au fil du temps. Un examen de ces processus historiques permettra de mieux comprendre la complexité des systèmes fonciers et des cadres juridiques actuels des pays de cette région.

Les systèmes fonciers de la région MENA sont en effet diversifiés, les nombreux changements politiques et économiques intervenus au cours de l'histoire ayant joué un rôle crucial dans leur développement[1]. Les nombreux empires, royaumes, califats et États qui ont administré le territoire et la population de la région ont souvent cherché à exploiter les terres pour accroître la productivité agricole et lever des impôts, deux éléments essentiels permettant de générer des revenus publics. Chaque régime politique a souvent apporté de nouvelles méthodes de gouvernance foncière qui se sont appuyées sur les systèmes fonciers existants ou ont tenté de les remplacer. Ce processus n'a toutefois jamais été homogène dans l'ensemble de la région. Au contraire, un tissu de systèmes fonciers s'est développé, intégrant des formes de gouvernance foncière coutumières, religieuses et étatiques (Sait et Lim, 2006). Les cadres juridiques des pays de la région MENA d'aujourd'hui sont le reflet de l'ensemble des antécédents historiques qui ont influencé les principes, la législation et les pratiques qui caractérisent les systèmes fonciers. Dans une grande partie de cette région, les principes islamiques inscrits dans le code foncier ottoman de 1858 et les pratiques coutumières ont influencé l'évolution des systèmes et des relations en matière foncière tout au long de l'histoire et restent des éléments importants des lois et pratiques actuelles (Waldner, 2004).

Comme nous l'avons déjà indiqué, les gouvernements dans toute la région encouragent depuis longtemps l'utilisation productive des terres pour l'agriculture afin de générer des revenus publics par le biais de la fiscalité. Depuis au moins l'époque de l'empire sassanide, avant le septième siècle de l'ère chrétienne, les gouvernements ont encouragé la mise en valeur des terres, en réaffectant les terres inexploitées (*mawat*) — appelées terres mortes — à l'agriculture et en autorisant la propriété privée des terres pour ceux qui les mettraient en valeur (Adamo et Al-Ansari, 2020). En général, ces propriétaires fonciers étaient soumis à des taux d'imposition plus faibles. Au fil du temps, cependant, les petits propriétaires fonciers se trouvaient de plus en plus accablés par des impôts plus élevés que leurs revenus, ce qui les contraignait à vendre leurs terres à de plus grands propriétaires qui avaient la capacité financière de payer ces impôts. C'est ainsi que de grands domaines fonciers virent le jour dans toute la région. Ces domaines furent, à leur tour, perçus comme une menace pour la légitimité des autorités locales dirigeantes qui, en réponse, entreprirent de nouvelles réformes foncières pour atténuer l'influence croissante des grands domaines fonciers et encourager à nouveau les petites exploitations. Ce cycle de concentration de grandes propriétés foncières, suivi d'une fragmentation et de réformes ultérieures, s'est poursuivi dans la région MENA jusqu'après les indépendances.

Bien que la propriété privée soit reconnue dans cette région depuis des siècles, elle a longtemps coexisté avec des formes collectives de propriété encadrées par la *shari'a* et par des régimes coutumiers. Ces formes collectives en lieu et place de la propriété privée sont néanmoins restées prédominantes jusqu'au milieu ou même à la fin du XXe siècle, en particulier dans les zones rurales. Avec l'émergence des califats islamiques au milieu du VIIe siècle de l'ère chrétienne, la *shari'a* n'a pas remplacé les principes et les systèmes fonciers coutumiers, mais les a plutôt reconnus dans toute la région, tant qu'ils ne contredisaient pas les principes islamiques (Salisu, 2013). Ainsi, de nombreux régimes fonciers s'appliquant aux communautés tribales et familiales sont dans une grande mesure restés les mêmes et ont conservé le même degré de légitimité qu'avant l'avènement de l'Islam. Ces formes coutumières de tenure foncière (*'urf*) indiquaient souvent de manière précise la façon dont les terres pouvaient être utilisées (pour la culture, le pâturage, etc.) et qui en avait le droit d'usage. En général, ces régimes fonciers étaient limités à des communautés spécifiques et avaient pour but et pour fonction d'éviter la perte de terres au profit d'acteurs extérieurs.

Au cours des deux derniers siècles, l'accent a été mis sur la privatisation (par rapport aux formes collectives de propriété) et sur l'enregistrement des propriétés foncières. Ces évolutions ont commencé sous l'Empire ottoman, notamment après la promulgation du code foncier ottoman de 1858. Alors que cet empire s'employait à moderniser son économie et à encourager l'investissement direct étranger en provenance d'Europe, il a également cherché, par le biais de son code foncier, à promouvoir la propriété individuelle en désignant un seul propriétaire au moment de l'enregistrement des biens (*tapu*) dans le but d'encourager le développement du marché du foncier et de l'immobilier. Si la réforme a profité aux marchés de l'immobilier des villes, ses résultats ont été plus nuancés dans les zones rurales de l'empire, où soit de nombreux chefs tribaux enregistraient de vastes étendues de terre à leur nom, soit de nombreuses communautés ignoraient totalement la légitimité du code foncier. Les tentatives d'individualisation de la propriété foncière dans le cadre du code foncier ottoman allaient néanmoins jeter les bases de l'ère coloniale au cours de la première moitié du XXe siècle.

Cinq grandes catégories de tenure foncière codifiées sous le régime ottoman sont encore utilisées dans la région MENA. Ces catégories, qui trouvent leur origine dans la *shari'a*, sont les suivantes : 1) *mulk* ou terres privées détenues en propriété absolue; 2) *waqf* ou terres à vocation religieuse détenues en fiducie caritative; 3) *miri* ou terres appartenant à l'État pour lesquelles les individus disposent du *tasarruf*, c'est-à-dire du droit d'utiliser, d'exploiter et de disposer de terres (*usufruit*); 4) *matruka* ou terres communes; et 5) *mawat* ou terres «mortes» et qui n'appartiennent à personne. L'encadré 2.1 fournit plus de détails sur chacune de ces catégories.

Encadré 2.1 Catégories de tenure foncière selon le code foncier ottoman de 1858

Malgré ses nombreuses innovations visant à moderniser le cadre juridique de l'Empire ottoman pour le secteur foncier, le code foncier ottoman de 1858 a été conçu pour maintenir la cohérence avec la *shari'a* dont il s'inspirait. Dans un souci de cohérence, ce code a maintenu les quatre catégories de tenure foncière de la *shari'a*, tout en ajoutant les terres *mawat* comme cinquième catégorie.

Mulk. Cette catégorie comprend les terres privées détenues en propriété absolue. Les terres *mulk* étaient généralement soumises au *'ushr*, un impôt religieux qui faisait partie de la *zakat* (impôt religieux annuel), mais s'appliquait spécifiquement à la terre. On trouvait cette catégorie de terres plus souvent dans les zones urbaines que dans les zones rurales. Toutefois, le statut de *mulk* dans les zones rurales pouvait être obtenu grâce à des efforts visant à mettre en valeur les terres *mawat* par le biais d'investissements et du développement de la productivité agricole.

Waqf. Cette catégorie désigne les terres dédiées dont les droits d'*usufruit* sont assurés à des fondations religieuses ou caritatives. En théorie, seules les terres *mulk* pouvaient être transformées en terres *waqf*, mais l'histoire et la distribution réelles des *waqf* laissent à penser qu'il y avait une flexibilité considérable dans la pratique. Le processus de conversion d'une terre en *waqf* impliquait qu'un « fondateur » décide de faire don de l'usufruit de sa propriété personnelle. Le but spécifique pour lequel la terre était utilisée et ses conditions de gestion étaient enregistrées

(l'encadré continue à la page suivante)

Encadré 2.1 Catégories de tenure foncière selon le code foncier ottoman de 1858 *(suite)*

dans un acte soumis aux autorités en place. L'utilisation de tous les revenus générés par le *waqf* était clairement définie par le fondateur et pouvait être allouée à des fins religieuses ou à un groupe de bénéficiaires. La gestion des waqf était confiée à des mandataires. D'une manière générale, la pratique du régime foncier des *waqf* se retrouve dans toute la région MENA et peut également inclure des propriétés d'autres confessions, comme les monastères chrétiens.

Miri. Cette catégorie désigne les terres appartenant collectivement à l'ensemble de la communauté musulmane représentée par l'État, qui avait le droit d'utiliser, d'exploiter et de disposer des terres (*tasarruf*). L'*usufruitier* jouissait du statut de quasi-propriétaire, qui pouvait vendre, louer, hypothéquer et accorder des droits d'utilisation des terres à d'autres personnes. Les droits de l'*usufruitier* pouvaient être transmis aux héritiers, mais le califat gardait le droit de propriété. En outre, la validité de tout transfert de droits d'*usufruit* devait être certifiée par les autorités ou les représentants de l'État. Historiquement, la plupart des terres agricoles de la région MENA entraient dans la catégorie *miri*.

Matruka ou metruka. Cette catégorie comprenait toutes les terres considérées comme des propriétés communes de la communauté musulmane, y compris la plupart des terres de la steppe et du désert. Elle comprenait également ce qui était considéré par les Ottomans comme des terres « abandonnées » destinées aux activités publiques des villages. Des règles d'utilisation spécifiques étaient appliquées aux terres *matruka* dans le code foncier ottoman, concernant notamment le pâturage, la collecte de bois et l'usage public comme lieux de culte et marchés.

Mawat. Bien que considéré comme une catégorie de tenure foncière en vertu de la *shari'a*, le terme *mawat*, qui désigne une terre « morte » ou improductive, recoupe les quatre autres catégories. Dans le passé, les terres *mawat* étaient généralement converties en terres *mulk* si le propriétaire pouvait les récupérer et les rendre productives. Cependant, seules certaines formes d'utilisation à des fins productives (comme la plantation d'arbres, le labourage du sol ou le forage de puits) étaient considérées comme valides pour une conversion au statut de *mulk*. D'autres pratiques telles que la délimitation des parcelles avec des pierres ou l'utilisation de la terre comme pâturage ne l'étaient pas.

Source : Johnson et Ayachi (À paraître).

Les dispositions légales conçues pendant la période coloniale étaient utilisées pour faciliter l'appropriation des terres par les colons et récompenser la clientèle locale. Après la dissolution de l'Empire ottoman, sous les régimes coloniaux français et britannique, on a tenté de clarifier le statut de la propriété foncière et de l'appliquer aux colons qui avaient émigré vers les territoires nouvellement conquis. Par exemple, dans les colonies françaises d'Afrique du Nord, des tribunaux mixtes ont été mis en place pour régler les différends entre les colons et les communautés locales, même si les jugements étaient souvent rendus en faveur des colons (Hursh, 2014). Sous les mandats britanniques, un processus a été mis en place pour établir la propriété et délivrer des titres de propriété, ce qui a favorisé le développement des marchés du foncier et de l'immobilier (Sait et Lim, 2006). Il s'en est suivi une privatisation des terres dans toute la région MENA, tandis que les formes collectives d'occupation étaient érodées ou que l'on tentait de les démanteler. Les différents systèmes d'enregistrement introduits par les Français et les Britanniques restent cependant largement intacts aujourd'hui et sont devenus la norme pour la reconnaissance des droits formels, souvent en parallèle avec les systèmes coutumiers.

Au cours de la période suivant l'indépendance, l'État a commencé à accroître considérablement son contrôle sur les terres et les questions foncières. Dans le prolongement de l'époque coloniale, les réformes foncières visant à stimuler la productivité agricole et les marchés du foncier et de l'immobilier se sont poursuivies, mais en mettant l'accent sur la privatisation des terres et la sédentarisation des communautés nomades dans le cadre de limites foncières clairement définies. Les propriétés coloniales ont également été nationalisées, et de nombreuses terres tribales ont été incorporées aux terres de l'État. En outre, pour maintenir la légitimité primordiale des cadres juridiques et institutionnels de l'État, de nombreux gouvernements ont tenté d'intégrer les principes de la *shari'a* et du droit coutumier par la « bureaucratisation » (incorporation dans les lois de l'État). Cette procédure a été appliquée en particulier à la gestion des terres *waqf* (et notamment à la limitation ou à la suppression des terres *waqf* privées), à la conversion de l'usage des sols, aux transactions foncières et immobilières et à l'appropriation de terres non privées (*miri*, *mawat* et *matruka*). Les principes islamiques et coutumiers concernant la succession, bien que non soumis à la bureaucratisation, sont restés très influents, les cadres juridiques modernes les intégrant dans leurs dispositions. En fait, de nombreuses dispositions de ce type restent en vigueur aujourd'hui.

Les efforts de sédentarisation et de bureaucratisation se poursuivent toujours, mais avec des résultats mitigés. L'une des raisons de l'échec des efforts de sédentarisation est qu'ils n'ont pas été accompagnés par une expertise technique permettant d'assurer une utilisation productive des terres et génératrice de revenus, si bien que de nombreux nomades sédentarisés ont vendu leurs terres. On peut citer les tentatives de redistribution des terres en Arabie saoudite au cours de la seconde moitié du XXe siècle, où l'aridité des sols et la pénurie d'eau rendaient l'agriculture non viable (Hajrah, 1974), et en République arabe d'Égypte à la suite de la mobilisation des terres pour les initiatives agricoles et touristiques du gouvernement au début des années 1970 et 1990 (Revkin, 2014). En outre, la bureaucratisation a conduit à la corruption ou à des litiges dans les transactions foncières (Balgley, 2015). Au Maroc, par exemple, les initiatives du gouvernement en matière d'infrastructures, en partenariat avec des acteurs du secteur privé, ont parfois conduit le ministère des Habous et des Affaires islamiques à convertir des terres *waqf* en *mulk*. Ce changement de tenure foncière — qui a été motivé par des intérêts politiques et économiques pour permettre la mise en œuvre de projets de développement — a perturbé les droits fonciers et les usages prévus autour de la mise en œuvre des *waqf* (Balgley, 2015).

La période postindépendance a également été marquée par des réformes foncières qui ont affecté la distribution et l'utilisation des terres (par la nationalisation et la redistribution). Ces réformes étaient censées profiter aux petits exploitants et aux agriculteurs et stimuler la productivité agricole, car l'agriculture restait le principal secteur économique dans la plupart des pays de la région. Dans ce processus, cependant, presque tous les pays MENA ont exproprié des terres appartenant autrefois à des étrangers au profit de l'État. En Algérie, par exemple, le gouvernement socialiste a pris le contrôle des fermes abandonnées par les colons français et les a transformées en coopératives paysannes. De grands domaines fonciers ont également été repris par l'armée et nationalisés. En Égypte, le gouvernement dirigé par Gamal Abdel Nasser a également adopté des réformes foncières qui ont permis d'exproprier tous les terrains de plus de 200 feddans (84 hectares) pour les redistribuer aux petits exploitants. Toutefois, ces tentatives de réforme n'ont pas permis d'atteindre les objectifs de développement agricole escomptés. En Algérie, le système coopératif n'a pas été jugé suffisant pour répondre aux demandes des agriculteurs algériens, car les faibles niveaux de production agricole n'étaient pas suffisamment viables commercialement pour générer durablement des emplois (Benessaiah, 2015). Il a donc été remplacé plus tard par un système de concessions individuelles qui, pendant 40 ans, a incité les agriculteurs à s'engager dans l'entreprise privée afin de pouvoir profiter entièrement de leur production agricole. En Égypte, les 2 feddans (0,84 hectare) attribués aux agriculteurs n'étaient pas suffisants pour développer l'agriculture à grande échelle, et les réformes de Nasser ont rapidement sombré dans le clientélisme et le patrimonialisme, avec la distribution de grandes étendues de terres aux alliés politiques et aux parties impliquées dans ces réformes.

La confiscation et la réaffectation des terres ainsi que le contrôle des ressources naturelles ont également joué un rôle essentiel dans les guerres les plus récentes de la région MENA. La terre et la propriété ont grandement servi les systèmes de gouvernance basés sur le favoritisme en Iraq, en Libye, en République arabe syrienne et en République du Yémen, où les régimes autoritaires ont eu recours à la confiscation des terres, à l'occupation et au remplacement de des populations pour favoriser les groupes qui les soutiennent et contrôler l'opposition. Par exemple, en Libye, Muammar Kadhafi a usé de ces techniques en 1969 pour exproprier l'élite italienne et libyenne de propriétaires terriens, et il a fait de même avec ses opposants en 1978[2]. En 2006, il a créé une commission d'indemnisation pour remédier à l'« application erronée » de la loi. Toutefois, ce geste n'a pas débouché sur un véritable changement ou sur une indemnisation adéquate. De même, en Iraq, l'expropriation des terres des minorités et des opposants a commencé avec les réformes agraires introduites dès 1958. Ces politiques se sont ensuite transformées en arabisation des zones kurdes autour de Kirkouk dans les années 1980.

En résumé, une analyse historique des systèmes fonciers révèle trois problèmes clés auxquels la région MENA est encore confrontée aujourd'hui : le pluralisme juridique, la prédominance de l'État et les défis liés à la fiscalité foncière. En ce qui concerne la première question, le pluralisme juridique et la coexistence des diverses situations foncières (formelle, coutumière et religieuse) trouvent leurs racines dans la superposition de divers systèmes fonciers au cours de l'histoire, qui ont eu des effets significatifs dans les périodes ottomane, coloniale et post-indépendance. Plusieurs États nouvellement indépendants, en tentant de consolider leur autorité et leur légitimité, ont cherché à s'appuyer sur les régimes fonciers introduits par les Français et les Britanniques, tout en intégrant la *shari'a* et le'*urf*, car il était important de ne pas être perçu comme perpétuant un système colonial qui avait eu un impact négatif sur une grande partie de la population locale.

S'agissant de la deuxième question, un regard sur l'histoire révèle que les États ont généralement été fortement impliqués dans le secteur foncier, soit comme propriétaires directs de terres publiques, soit en mettant en place des politiques visant à modifier la nature des droits fonciers et la redistribution des terres elles-mêmes. Cette omniprésence des États dans les affaires foncières, ainsi que l'implication de nombreuses institutions dans le secteur foncier, est encore aujourd'hui une caractéristique essentielle de la plupart des pays de la région MENA.

Quant à la troisième question, tout au long de l'histoire, les tentatives de réforme agraire ont cherché à générer des recettes fiscales pour les États nouvellement indépendants de la région MENA. Cependant, les secteurs économiques clés sur lesquels reposait cette réforme, comme l'agriculture, ont depuis perdu leur prédominance dans la plupart des pays de la région. Par conséquent, les solutions permettant d'atténuer les pertes de revenus, telles que les politiques d'imposition foncière dans les zones urbaines, restent largement absentes dans toute la région.

DÉFIS LIÉS À LA GOUVERNANCE FONCIÈRE

Les principaux défis communs aux pays de la région MENA fragilisent la gouvernance foncière, ce qui se traduit par une administration et une gestion foncières inefficaces et opaques. Les quatre principaux défis sont : 1) des cadres juridiques complexes et dépassés, 2) une fragmentation institutionnelle avec des mandats qui se chevauchent, 3) une implication disproportionnée de l'État dans le secteur foncier, et 4) une fiscalité foncière peu développée. Comme nous venons de le décrire, ces défis ont des racines historiques et reflètent les contraintes actuelles d'économie politique qui empêchent ou ralentissent les réformes.

Des cadres juridiques complexes et dépassés

La complexité des cadres juridiques régissant le foncier dans les pays de la région MENA résulte du cumul, au fil du temps, de plusieurs niveaux de régimes fonciers coutumiers et statutaires, ainsi que de l'utilisation qui perdure de catégories de tenure foncière fragmentées. Ce cumul découle des lois ottomanes du XIXᵉ siècle, des lois coloniales du début du XXᵉ siècle et des lois plus récentes adoptées après les indépendances. Ainsi, au Maroc, les lois issues de la coutume, de la *shari'a*, de la période coloniale française et de la période post-indépendance ont créé un pluralisme juridique sur lequel reposent le système de tenure foncière, l'administration foncière et la gestion des terres. De ce fait, la reconnaissance et l'enregistrement de la propriété foncière et de l'accès à la terre — en particulier pour les terres agricoles et les terres soumises à divers régimes fonciers coutumiers — sont extrêmement complexes. Le même problème se pose en Cisjordanie et à Gaza, où le cadre juridique comprend toujours des dispositions issues des lois ottomanes, britanniques, jordaniennes, égyptiennes et israéliennes, en plus des lois et décrets de l'Autorité palestinienne. Cette complexité est également aggravée par l'utilisation continue, dans de nombreux pays de la région MENA, des cinq catégories de tenure foncière du code foncier ottoman (voir encadré 2.1), malgré leur relative déconnexion du contexte moderne. Enfin, cette complexité est exacerbée par le fait que les régimes coutumiers, qui sont pérennes dans la plupart des pays MENA — tout comme dans de nombreuses nations d'Afrique subsaharienne, d'Amérique latine et d'Asie — ne sont pas toujours reconnus par la loi.

L'une des principales conséquences de cette complexité des cadres juridiques est qu'elle peut entraîner des chevauchements ou des lacunes dans la législation, brouiller la compréhension de la loi par les citoyens et rendre son application très difficile. Par exemple, la mesure dans laquelle est appliqué et interprété le droit foncier du Maroc relatif à l'occupation formelle des terres dépend de l'emplacement, de la propriété et du contrôle local sur les questions foncières. Dans la région rurale du Moyen Atlas, certains villages peuvent appliquer des règles coutumières d'accès au foncier qui sont contraires à la politique officielle du gouvernement, tandis que dans les zones agricoles irriguées, c'est le droit foncier positif qui est plus susceptible d'être appliqué (USAID, 2011).

Un autre exemple de lacunes dans les cadres juridiques est le statut des terres *musha'* (communales) au Liban. Bien que l'on estime que les *musha'* représentent environ 20 % de la superficie totale de ce pays, leur statut actuel en tant que catégorie de terre indépendante dans le registre foncier du Liban n'est pas clair dans le cadre juridique. Au lieu de cela, les parcelles *musha'* sont souvent considérées comme des terres appartenant à l'État avec des degrés variables de contrôle par les municipalités. Bien que diverses lois aient été rédigées pour aider à clarifier le statut de ces terres[3], elles ont été ponctuelles et spécifiques à certaines régions du Liban, comme les villages du Mont Liban. Parce qu'il n'existe pas encore de législation complète, de nombreuses communautés restent dans l'incertitude quant au statut officiel des terres *musha'*. Cette situation complexe, associée au fait que les gens ne sont pas incités à se soumettre aux lourdes procédures officielles d'enregistrement des terres, alimente le régime foncier informel, souvent au détriment des intéressés et du système en général.

La complexité des situations foncières entraîne souvent un manque de clarté des droits de propriété et facilite l'émergence de revendications contradictoires sur la propriété et de conflits. En Égypte par exemple, des tensions sont apparues en raison de revendications concurrentes entre les droits traditionnels et les transactions foncières non enregistrées (Johannsen, Nabil Mahrous et Graversen, 2009). Les tensions liées aux revendications concurrentes ont tendance à devenir particulièrement problématiques à la suite d'un changement de régime, lorsque les droits de propriété peuvent devenir encore plus confus. Par exemple, en Tunisie, le village de Jemna est situé sur des terres collectives qui ont été appropriées par les tribus locales pendant la colonisation, puis transférées à l'État après l'indépendance, et enfin récupérées par les villageois pendant le Printemps arabe (Foroudi, 2020). De même, en 1967, le régime socialiste de la République démocratique populaire du Yémen a expulsé les cheikhs tribaux et les sultans de leurs terres, aboli les sultanats et converti les propriétés en terres de l'État. Les sultans sont partis pour l'Arabie saoudite, mais ils ont été invités à revenir en 1990 lorsque le pays s'est réunifié. À leur retour, de nombreux cheikhs tribaux et sultans ont tenté de récupérer leurs terres par des moyens légaux, mais ils se sont heurtés à un système judiciaire corrompu qui a refusé de restituer les droits de propriété coutumière des terres publiques. En conséquence, beaucoup ont cherché le soutien d'Al-Qaida pour résoudre le conflit, ce qui a conduit à la confrontation avec les Houthis (Unruh, 2016).

En plus de leur complexité, les lois foncières existantes sont généralement dépassées et déconnectées des contextes actuels. Elles rendent également non-effectives la reconnaissance et l'application des droits de propriété. Au lieu de réviser complètement ces cadres juridiques et de les réorienter pour répondre de manière adéquate aux défis actuels, la plupart des pays se sont contentés d'introduire des amendements pour résoudre les problèmes au fur et à mesure de leur apparition. Par exemple, le Liban s'appuie toujours sur une législation datant de l'époque où il était sous mandat français, notamment une loi sur l'enregistrement des biens immobiliers promulguée en 1926. Cette loi ayant été élaborée il y a un siècle, elle n'est pas en phase avec le contexte actuel, comme les services fonciers numérisés et l'administration en ligne. De même, dans toute la région MENA, les lois ne couvrent pas des pratiques qui sont devenues essentielles et omniprésentes du fait du développement économique, comme la planification urbaine et les codes de construction en Iraq ou le fermage au Liban. En conséquence, les cadres juridiques qui régissent le foncier dans la plupart des pays de cette région ne sont pas alignés sur la réalité et les besoins actuels de leurs économies respectives. Lorsque les lois existantes sont modifiées, les changements créent souvent la confusion dans la mesure où les tribunaux et les institutions chargées de leur mise en œuvre peuvent proposer des interprétations différentes. Ces difficultés contribuent également à rendre la reconnaissance et l'application des droits de propriété difficiles, voire impossibles.

Les efforts déployés dans toute la région MENA pour moderniser les cadres juridiques obsolètes et les lois relatives aux droits fonciers et aux droits de propriété sont lents. Ces lenteurs s'expliquent non seulement par le temps considérable nécessaire pour concilier des lois contradictoires, mais aussi par le caractère politiquement sensible des réformes foncières. Un exemple récent est l'initiative en cours en Égypte qui vise à unifier les procédures coexistantes d'enregistrement des actes et des titres de propriété au niveau du pays, dont la complexité a presque poussé le système à l'obsolescence (voir l'encadré 2.2). En 2014, un

---

Encadré 2.2 **Complexité des systèmes d'enregistrement des actes et des titres en République arabe d'Égypte**

L'Égypte exploite simultanément des systèmes d'enregistrement des actes et des titres de propriété régis par deux lois distinctes (respectivement la loi nº 114/1946 et la loi nº 142/1964). Ces deux lois confèrent la responsabilité de l'enregistrement au département de la publicité immobilière (REPD), qui dépend du ministère de la Justice. L'enregistrement des actes est le système d'enregistrement des biens le plus important en Égypte, car il permet d'enregistrer un bâtiment ou une partie de celui-ci (tel qu'un appartement) comme unité immobilière. Par conséquent, le système égyptien d'enregistrement des actes de propriété couvre la plupart des zones urbaines du pays et est également institué pour les propriétés des nouvelles communautés urbaines et pour divers projets d'aménagement dans le désert. Dans le cadre de ce système, cependant, les actes sont saisis chronologiquement dans l'ordre dans lequel ils sont acceptés pour l'enregistrement et indexés en fonction des noms des parties à l'acte. Ce système complique le travail d'enquête sur les propriétés. De plus, il exige une preuve de la propriété du bien qui fait l'objet de la transaction, et soit le propriétaire doit présenter une copie de l'acte, soit le personnel du registre foncier doit entreprendre le processus fastidieux de recherche dans un index alphabétique.

Afin d'atténuer les difficultés liées à la preuve de la propriété dans le cadre du système des actes de propriété, le gouvernement égyptien souhaite le remplacer par le système de titres de propriété, qui est considéré comme un système d'enregistrement plus fiable de la propriété et des droits immobiliers. Ce système est basé sur la propriété, et les informations contenues dans le registre du REPD sont indexées en fonction d'un numéro d'identification unique de la parcelle ou de l'unité immobilière. Cependant, l'inconvénient du système d'enregistrement des titres est qu'il ne permet pas d'enregistrer un bâtiment ou une partie de celui-ci comme unité immobilière, ce qui décourage son utilisation dans les zones urbaines en Égypte et fait qu'il couvre principalement les terres agricoles. Ainsi, toute tentative visant à remplacer le système des actes de propriété par le système d'enregistrement des titres doit inclure une révision du cadre juridique afin de permettre l'enregistrement des bâtiments dans le cadre du système de titres.

Outre les difficultés liées au remplacement d'un système par l'autre, les procédures d'enregistrement des biens dans l'un ou l'autre système sont considérées comme très complexes et onéreuses. Les propriétaires qui souhaitent enregistrer ou effectuer une transaction sont tenus de présenter une chaîne de titres ou un acte clair depuis la dernière fois que leur propriété a été inscrite dans le registre. Cependant, pour toutes les propriétés situées dans des zones informelles, en particulier dans de grandes villes comme Le Caire, et même pour de nombreuses propriétés formelles, l'établissement de cette chaîne, qui peut remonter à des décennies, est tout simplement impossible. Par conséquent, la plupart des enregistrements fonciers du REPD sont considérés comme obsolètes et inexacts. Malgré l'expérimentation par le gouvernement de solutions potentielles, aucune réforme majeure n'a encore été mise en œuvre pour remédier aux difficultés liées à la navigation dans les systèmes d'enregistrement des propriétés du pays. En conséquence, seuls environ 10 % de tous les terrains et propriétés en Égypte sont considérés comme enregistrés officiellement.

Sources : Nada et Sims (2020); World Bank (2018).

comité représentant les principales agences impliquées dans la gouvernance foncière s'est réuni pour rédiger un projet de loi unifié sur l'administration foncière. Bien que le projet de loi ait été préparé, le travail du comité a été suspendu par le gouvernement et le projet de loi n'a jamais été finalisé (Nada et Sims, 2020). De même, dans le cadre du «National Land Policy Framework» de l'Autorité nationale palestinienne (2008), quatre projets de loi relatifs à des réformes majeures de la gouvernance foncière ont été rédigés, mais n'ont pas encore été adoptés.

Fragmentation institutionnelle

De nombreux pays MENA souffrent d'une fragmentation institutionnelle et de la concurrence entre les agences pour le contrôle de la gestion des terres, ce qui empêche les approches intégrées de l'administration et de gestion des terres et conduit à des services d'administration foncière de mauvaise qualité. Dans la plupart des pays, des institutions multiples et séparées, dotées de mandats fonciers indépendants, fonctionnent sans aucune coordination. Ce type d'opération se traduit souvent par une duplication des efforts, des lourdeurs bureaucratiques, voire une concurrence entre les institutions pour la gestion des terres. En Iraq, par exemple, le ministère des Finances est responsable de l'enregistrement, de la protection et de l'allocation des terres et des biens de l'État. Cependant, plusieurs autres ministères contrôlent les terres et les biens de l'État pour leurs propres besoins et le font en développant des bases de données foncières distinctes qui ne sont pas reliées au ministère des Finances en raison du risque perçu d'une possible perte de contrôle de ces actifs. Ce manque de coordination entre les institutions iraqiennes concernées rend difficile tout inventaire des terres de l'État et facilite des empiètements et violations des droits par les détenteurs de concessions sur les terres et les propriétés de l'État.

Lorsqu'il existe une coordination entre les ministères et les agences, elle est généralement ad hoc et inefficace. Par exemple, le Centre national égyptien de planification de l'utilisation des terres publiques (NCPSLU) a été créé en 2001 pour servir d'agence de coordination des projets d'aménagement des terrains de l'État. Son conseil d'administration est devenu le lieu principal pour discuter des propositions faites par différents organismes dépositaires visant à acquérir des terres publiques ou à modifier les compétences qu'ils exercent sur les terres publiques. Bien que la création du NCPSLU ait donné lieu à une certaine amélioration de la coordination entre les différents organismes, un manque de cohérence persiste en matière d'allocation des terres publiques. Il en résulte un modèle inefficace de développement territorial et un faible alignement entre les objectifs et les mandats des organismes de tutelle qui sont censés coordonner leur action avec le NCPSLU (Nada et Sims, 2020).

Cette fragmentation, associée à des lois qui se chevauchent — et parfois se contredisent — a produit des ambiguïtés quant à l'institution qui a compétence sur les questions foncières. Cette confusion empêche la mise en œuvre d'approches intégrées ou globales de gestion des terres. Par exemple, les décisions relatives à l'aménagement des terres urbaines et à l'expansion des villes sont souvent prises par des institutions qui ne prennent pas en compte l'incidence de ces décisions sur la destruction des terres agricoles et la production alimentaire. La fragmentation institutionnelle, combinée à la faiblesse de l'État de droit, explique également le manque de transparence dans la gestion des terres et la fourniture de services d'administration foncière, comme nous le verrons dans la dernière section de ce chapitre.

Le manque de coordination entre les institutions ayant des mandats fonciers est exacerbé par le manque de fiabilité des infrastructures de l'administration foncière, ce qui ne favorise pas le partage des informations. Comme nous le décrirons plus en détail plus loin dans ce chapitre, la numérisation de l'enregistrement des propriétés, des registres de propriété et des cadastres, des plans d'aménagement du territoire et d'autres informations essentielles de l'administration foncière n'est pas encore terminée dans plusieurs pays de la région.

Rôle de l'État et centralisation de l'administration foncière et de la gestion des terres

Dans toute la région MENA, les institutions de l'État central exercent un contrôle important sur les terres, notamment les terres prisées en zones urbaines et rurales. En fait, la propriété publique et l'utilisation publique des terres sont plus répandues dans la région MENA que dans toute autre région du monde (voir figure 2.1). Bien que les proportions exactes des terres détenues par l'État soient difficiles à déterminer en raison d'un enregistrement incomplet et d'un manque de transparence, la propriété de l'État dans la région découle en grande partie d'évolutions historiques telles que la nationalisation des propriétés coloniales, l'incorporation de terres tribales dans les terrains domaniaux et l'appropriation de terres non privées — notamment les terres *miri, mevat (mawat) et matruka* — ainsi que de certaines propriétés *waqf* après les indépendances. Il s'ensuit que de nombreux États possèdent des terres de grande valeur, telles que des terres fertiles à usage agricole, des terres riches en ressources souterraines et des terres situées dans les meilleures localisations. Il est généralement admis qu'une grande partie de ces terrains est contrôlée par l'armée, en particulier dans les régimes où l'armée joue un rôle politique important. Par exemple, comme le montre la carte 2.1, les terrains militaires occupent une part importante de l'espace urbain à Alger.

Les autorités publiques ne disposent souvent pas de registres complets des terres et des biens qu'elles possèdent et de la valeur réelle de ces actifs, ce qui affecte leur capacité à prendre des décisions éclairées sur l'utilisation et la cession de ces terres. Malgré le nombre important de propriétés de l'État, les inventaires des terrains lui appartenant ont tendance à être soit inexacts soit incomplets, et les limites géographiques ne sont pas matérialisées. Ainsi, comme de nombreux gouvernements de la région ne savent pas quelles terres ils possèdent, ils ne peuvent pas exploiter les terrains de l'État pour fournir des services ou mettre en œuvre des programmes sociaux. En Iraq, par exemple, bien que 80 à 90 % des terres appartiennent à l'État, il n'existe aucun inventaire fiable des terrains domaniaux[4], ce qui fait que le gouvernement est incapable de mettre en œuvre des programmes de

Figure 2.1 Indice des terres appartenant à l'État, par région

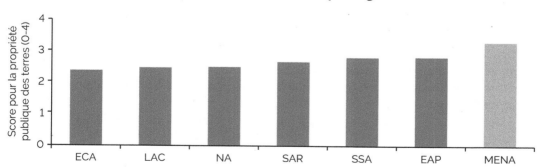

Source : CEPII, Agence française de Développement et ministère de l'Économie et des Finances, Base de données des profils institutionnels (tableau de bord), http://www.cepii.fr/institutions/en/ipd.asp.
Note : EAP = Asie de l'Est et Pacifique ; ECA = Europe et Asie centrale ; LAC = Amérique latine et Caraïbes ; MENA = Moyen-Orient et Afrique du Nord ; NA = Amérique du Nord ; SAR = Asie du Sud ; SSA = Afrique subsaharienne.

Carte 2.1 Terrains supposément militaires à Alger (Algérie)

Source : OpenStreetMap (base de données participative), 2020, https://www.openstreetmap.org/#map=3/71.34/-96.82.
Note : Les zones en jaune et rouge seraient la propriété de l'armée algérienne.

logement social pour réinstaller les Iraquiens déracinés par les conflits qui durent depuis des décennies dans ce pays. Cette difficulté, à son tour, exacerbe les empiètements généralisés sur les terrains de l'État et les quartiers informels, car ceux qui cherchent désespérément un logement n'attendent pas une décision de l'État pour occuper ces terrains.

Dans l'ensemble, les gouvernements ne parviennent pas à mettre des terrains à la disposition de leur économie de manière appropriée. Dans plusieurs pays comme le Maroc, le développement urbain a longtemps reposé sur la mise à disposition de terrains par les autorités publiques, terrains qui ne sont souvent plus disponibles là où il en faut. Lorsque les terres de l'État sont mobilisés, leur attribution ne suit souvent pas les principes du marché — c'est-à-dire que les terres ne sont pas transférées au prix du marché (ce qui génère une redistribution de la rente et des richesses aux bénéficiaires de ces attributions), ou qu'elles ne sont pas transférées aux utilisateurs les plus productifs qui seraient prêts à payer plus pour les obtenir. Les décideurs politiques justifient souvent la pratique de l'attribution de terres en dessous du prix du marché en affirmant qu'elle permet aux classes à revenus faibles et moyens un accès équitable et abordable à la terre, bien qu'il ne soit pas vérifié si ces objectifs sont bien atteints. L'attribution de terres en dessous de la valeur du marché est illustrée par le passage de l'Égypte d'une pratique de ventes aux enchères pour attribuer des terrains aux promoteurs à un système de loteries, les ventes aux enchères étant considérées comme contribuant à la flambée des prix. Dans le même temps, la mobilisation des terrains privés est extrêmement difficile face aux problèmes de gouvernance (tels que le manque de clarté dans la tenure foncière, l'inefficacité des services d'enregistrement et l'absence d'évaluation des terrains) qui empêchent la consolidation des terrains.

Les gouvernements ont eu recours à des attributions de terres dans le cadre de politiques sociales de redistribution, mais avec des résultats nuancés et souvent par le biais de mécanismes qui ne pouvaient être maintenus sur le long terme. Par exemple, en 1986, le Sultanat d'Oman a commencé à attribuer de manière aléatoire des parcelles gratuites à ses citoyens grâce à un système de loterie. Comme pour d'autres économies de rente de la région, cette redistribution des richesses a été un moyen de maintenir la paix sociale en répondant aux attentes de la société. Toutefois, cette pratique est peut-être arrivée à son terme, les parcelles les plus convoitées ayant déjà été redistribuées ou remises à l'élite. Cette pratique a également coûté cher au gouvernement en raison de la pression exercé par les bénéficiaires pour que ces parcelles soient dotées d'infrastructures. D'autres pratiques inefficaces en matière d'affectation des terres sont également motivées par la poursuite d'objectifs d'autosuffisance alimentaire qui ont donné lieu à des concessions agricoles conditionnelles. Ainsi, en Tunisie, les bénéficiaires de concessions peuvent être tenus de s'engager dans des types de production pour lesquels ils n'ont peut-être pas d'avantage comparatif (par exemple, le propriétaire d'une terre cultivable doit s'engager partiellement dans la production laitière).

Les institutions de l'État central ont tendance à être les principales autorités responsables des questions foncières, tandis que les autorités locales ont généralement des compétences restreintes sur ces questions, ce qui bride les actions de développement adaptées aux contextes environnementaux et sociaux locaux. Par exemple, en Égypte, les institutions centrales contrôlent les terres désertiques et les processus de récupération des sols, ainsi que les terres désertiques situées à moins de deux kilomètres de la limite des zones agricoles appelée *zemam*[5]. De plus, les institutions locales n'ont pas le pouvoir de planifier l'utilisation des sols pour des activités comme le tourisme, l'industrie ou les nouvelles zones habitées. Au lieu de cela, elles doivent s'en remettre aux conseils des organismes centraux, qui peuvent ne pas comprendre les conditions locales, mais qui sont néanmoins rarement redevables envers les populations et les représentants des collectivités locales (El-Meehy, 2013).

L'opacité du contrôle des terres par les acteurs étatiques, dans un contexte de faible gouvernance foncière et de forte emprise des États sur les ressources foncières, contribue à la corruption et facilite l'accaparement par les élites et le clientélisme. Il ressort de l'examen des rapports nationaux les plus récents réalisés dans le cadre de l'indice de transformation Bertelsmann[6] que sur les dix-sept pays de la région MENA couverts, seize ont vu la corruption, l'ingérence politique ou le clientélisme entacher les droits de propriété. Dans la figure 2.2, pour le monde, et pour les pays de la région MENA en particulier, une corrélation négative apparaît entre la force des droits de propriété — mesurée par l'indice de transformation Bertelsmann (BTI) — et la perception de la corruption (mesurée par l'indice de perception de la corruption de Transparency International)[7]. Bien que cette corrélation n'implique pas l'existence d'un lien de causalité, elle laisse entendre que la faible gouvernance foncière est un terreau fertile pour la corruption. Les procédures opaques de conversion des terres pour un usage urbain, en particulier, sont propices à la corruption, et celle-ci est

Figure 2.2 **Corruption et faible protection des droits de propriété, pour toutes les régions et la région MENA**

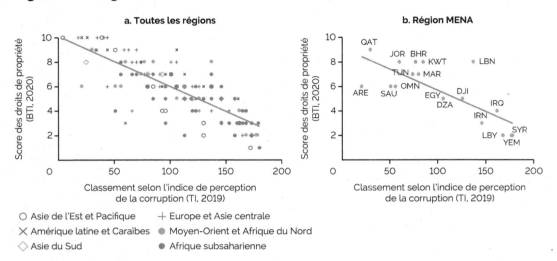

a. Toutes les régions

b. Région MENA

○ Asie de l'Est et Pacifique   + Europe et Asie centrale
✕ Amérique latine et Caraïbes   ● Moyen-Orient et Afrique du Nord
◇ Asie du Sud   ● Afrique subsaharienne

Sources : Bertelsmann Stiftung, Bertelsmann Transformation Index (BTI) 2020 Country Reports, MENA, http://bti-project.org/ ; Transparency International (TI), (tableau de bord) Corruption Perceptions Index, 2019, https://www.transparency.org/en/cpi/2019.
Note : Ces graphiques représentent le score de BTI en matière de droits de propriété en fonction du classement des pays selon l'indice de perception de la corruption de Transparency International. Le score relatif aux droits de propriété évalue la mesure dans laquelle les autorités gouvernementales garantissent des droits bien définis en matière de propriété privée et réglementent les acquisitions, la jouissance, l'utilisation et la vente des biens. Il varie entre de 0 (mauvais) à 10 (excellent). Voir la figure 1.4 pour les codes pays.

davantage favorisée par les pratiques discrétionnaires d'attribution des terres par l'État. Pour la Cisjordanie et Gaza, par exemple, la Coalition pour l'intégrité et la responsabilité, AMAN (2014, 33), constate que la gestion des terres domaniales est imprégnée «d'une politique consciente de la part du régime visant à employer les ressources de l'État pour acheter la loyauté et renforcer son autorité en augmentant le nombre et la richesse de décideurs loyalistes influents». Pour y parvenir, l'une des formules consiste à vendre des terrains domaniaux à des individus stratégiques à des prix excessivement bas, ce qui leur permet de réaliser des bénéfices colossaux sur les ventes ultérieures (Puddephatt, 2012).

Faiblesse de la taxe foncière

La taxe foncière visant à générer des recettes est peu utilisée, voire pas du tout, dans les pays de la région MENA, à quelques exceptions près, comme Israël (figure 2.3). La région n'a pas de tradition en matière d'impôt foncier, en particulier dans les économies de rente du Conseil de coopération du Golfe (CCG)[8], et certains pays ont des difficultés techniques à mettre en œuvre cette fiscalité en raison de la faible couverture des registres fonciers[9]. Aux Émirats arabes unis, par exemple, les recettes tirées de la taxe foncière sont presque inexistantes et ne représentent que 0,02 % du PIB du pays, ce qui est extrêmement faible en comparaison d'autres pays comme le Royaume-Uni, où elles représentent 4 % du PIB. Après Israël, le pays de la région qui a le plus de recettes provenant de cette taxe est le Maroc, avec seulement 1,6 % du PIB.

Ces faibles niveaux s'expliquent en partie par les nombreuses exonérations introduites pour ménager les intérêts particuliers ou éviter le mécontentement social, ce qui va finalement à l'encontre de l'objectif de la taxe. Le Maroc prévoit ainsi une décote de 75 % pour les résidences principales et une exonération de cinq ans pour les propriétés nouvellement construites. En Égypte, la taxe foncière ne s'applique pas à une grande majorité de logements (ceux dont la valeur est inférieure à deux millions de livres égyptiennes, soit

Figure 2.3 Taxe foncière, par région et pour quelques pays/économies, 2020

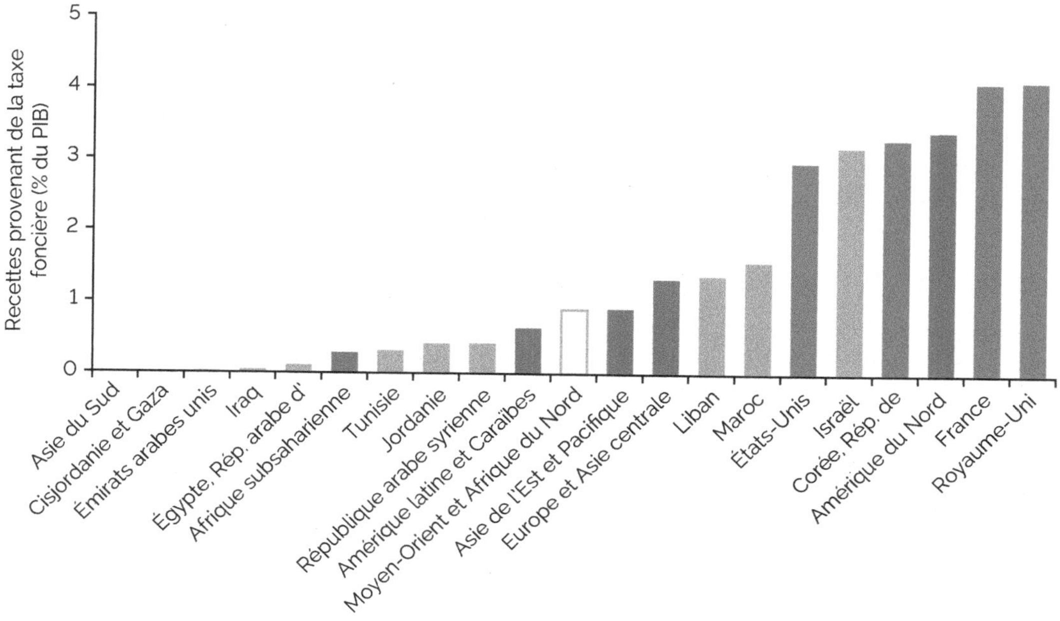

Source : Fonds monétaire international, World Revenue Longitudinal Data (WoRLD), tableau de bord, 2016–18, https://data.imf .org/?sk=77413F1D-1525-450A-A23A-47AEED40FE78.

environ 128 000 dollars). Elle ne s'applique pas non plus à de nombreuses propriétés du secteur du tourisme, comme les hôtels et les centres de villégiature, qui sont considérés comme d'importantes sources de revenus pour l'économie égyptienne, ce que le législateur ne veut pas décourager. En 2018, ce système a produit de très faibles recettes, 240 millions de dollars, ce qui est nettement inférieur aux 4 milliards de dollars de recettes par Dubaï générés chaque année grâce aux taxes sur l'immobilier. Cependant, tous les pays de la région, sauf l'Arabie saoudite, ont une forme de taxe sur les transactions immobilières, qui est plus facile à mettre en œuvre que la taxe foncière et plus acceptable politiquement.

Faible infrastructure d'évaluation foncière

En général, l'évaluation des terres dans les pays de la région MENA n'est pas alignée sur les normes internationales, et elle est faible dans plusieurs d'entre eux. Dans de nombreux pays, les compétences d'évaluation font défaut, et les systèmes ne sont pas en place pour mettre en œuvre une évaluation aux prix du marché à des fins fiscales. En effet, les gouvernements fondent souvent la taxation sur une valeur comptable administrative ou périmée. L'utilisation de valeurs sous-estimées en matière de taxe foncière et de droits d'enregistrement introduit des distorsions dans l'économie et conduit potentiellement à une gestion inefficace des terres (y compris pour les décisions concernant la cession et la gestion des terres appartenant à l'État).

L'écart qui existe entre l'évaluation des biens et les valeurs du marché est encore plus grand lorsque les périodes de réévaluation sont éloignées les unes des autres (et parfois ne suivent même pas la fréquence prescrite par la loi). En Égypte, par exemple, bien que les terres agricoles soient censées être réévaluées tous les dix ans, la dernière réévaluation n'a eu lieu qu'en 2014, 25 ans après la précédente. Certains pays n'ont même pas de réévaluation générale, comme le Liban, où les propriétés ne sont évaluées que lors de leur transfert.

La couverture géographique de l'évaluation peut également être limitée, comme en Cisjordanie, où les propriétés ne sont évaluées que dans la moitié des municipalités et où les valeurs foncières n'ont pas été actualisées depuis 50 ans. Ces lacunes réduisent considérablement les recettes générées par la taxe foncière.

La plupart des pays souffrent d'un manque de transparence pour les informations sur le marché foncier en général. Par exemple, le Liban ne produit aucun indice des prix immobiliers. En revanche, en Arabie Saoudite, les transactions foncières sont publiées en ligne par le ministère de la Justice.

DÉFIS LIÉS À L'ADMINISTRATION FONCIÈRE

La performance globale des systèmes d'administration foncière au niveau national varie considérablement. Les pays du CCG sont les plus performants, tandis que la plupart des autres pays sont confrontés à des défis importants. Ces défis étaient mesurés dans les pays MENA par les indicateurs *Doing Business* de la Banque mondiale, notamment à travers différentes dimensions de l'indicateur Qualité de l'administration foncière[10]. L'indice Transfert de propriété, un indice composite d'ensemble compris entre 0 et 100, évalue à la fois l'efficacité et la qualité du système d'administration foncière d'un pays (voir la figure 2.4, l'encadré 2.3 et le tableau 2.1).

Figure 2.4 Scores pour l'indice Transfert de propriété, par région et par pays/économie MENA, 2020

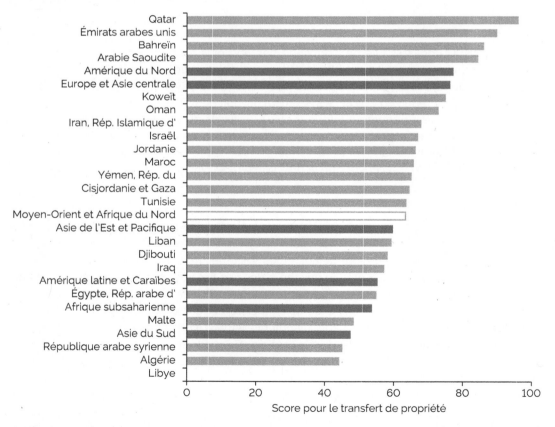

Source : Base de données *Doing Business* 2004–2020 de la Banque mondiale, https://archive.doingbusiness.org/en/doingbusiness.

Tableau 2.1 Classement selon l'indice Transfert de propriété, MENA, 2020

Pays/économie	Classement pour le transfert de propriété	Score pour le transfert de propriété	Nombre de procédures	Délai (en jours)	Coût (% de la valeur de la propriété)	Qualité de l'administration foncière (0–30)
Qatar	1	96,2	1	1	0,3	26,0
Émirats arabes unis	10	90,1	2	1,5	0,2	21,0
Bahreïn	17	86,2	2	2	1,7	19,5
Arabie Saoudite	19	84,5	2	1,5	0,0	14,0
Koweït	45	75,1	7	17	0,5	18,5
Oman	52	73,0	3	18	6,0	17,0
Iran, Rép. islamique d'	70	68,1	6	31	3,8	16,0
Israël	75	67,1	6	37	7,2	22,5
Jordanie	78	66,4	6	17	9,0	22,5
Maroc	81	65,8	6	20	6,4	17,0
Yémen, Rép. du	86	65,2	6	19	1,8	7,0
Cisjordanie et Gaza	91	64,6	7	35	3,0	13,5
Tunisie	94	63,7	5	35	6,1	13,5
Liban	110	59,4	8	37	6,0	16,0

(le tableau continue à la page suivante)

Tableau 2.1 **Classement selon l'indice Transfert de propriété, MENA, 2020** *(suite)*

Pays/économie	Classement pour le transfert de propriété	Score pour le transfert de propriété	Nombre de procédures	Délai (en jours)	Coût (% de la valeur de la propriété)	Qualité de l'administration foncière (0–30)
Djibouti	117	58,3	6	24	5,6	7,0
Iraq	121	57,3	5	51	7,3	10,5
Égypte, Rép. arabe d'	130	55,0	9	76	1,1	9,0
République arabe syrienne	162	45,2	4	48	28	8,5
Algérie	165	44,3	10	55	7,1	7,5
Libye	187	0,0	—	—	—	—
Moyenne MENA	—	*64,3*	*5,3*	*28,7*	*5,2*	*15,1*

Source : Base de données *Doing Business* 2004–2020 de la Banque mondiale, https://archive.doingbusiness.org/en/doingbusiness.
Note : — = sans objet ou non disponible.

En 2020, le score moyen de la région MENA s'élève à 64,3 pour le transfert de propriété, ce qui est supérieur au score moyen de l'Amérique latine et des Caraïbes, de l'Asie de l'Est et du Pacifique, de l'Asie du Sud et de l'Afrique subsaharienne. Ce score moyen cache toutefois un contraste marqué entre les scores élevés obtenus par la plupart des États du Golfe, les scores très bas de certains pays MENA et les scores moyens obtenus par d'autres. Les États du Golfe sont en tête du classement régional *Doing Business* pour le transfert de propriété, quatre États — le Qatar (96,2), les Émirats arabes unis (90,1), Bahreïn (86,2) et l'Arabie saoudite (84,5) — se classant également parmi les 20 premiers au niveau mondial (voir la figure 2.4). En fait, en 2020, le Qatar s'est hissé au premier rang mondial pour l'indice de transfert de propriété[11]. Les pays de la région MENA qui se trouvent au bas du classement de l'indice de transfert de propriété sont ceux touchés par des conflits comme la Syrie (45,2) et l'Iraq (57,3) et des pays très peuplés comme l'Algérie (44,3) ou l'Égypte (55). Ces classements peuvent rendre compte de la difficulté qu'il y a à mettre en place et maintenir des systèmes d'administration foncière complets, actualisés et transparents dans de tels contextes. Curieusement, la République du Yémen (65,2) a un score moyen supérieur à la moyenne régionale[12].

En termes de qualité globale des services d'administration foncière, les petits pays du CCG sont également en tête du classement au niveau de la région, avec la Jordanie, qui a fait des progrès notables. L'indice de Qualité de l'administration foncière — un sous-indice de l'indice Transfert de propriété (voir la figure 2.5 et le tableau 2.2) — est compris entre 0 et 30 et mesure la fiabilité, la transparence et la couverture de l'administration foncière, ainsi que la protection contre les litiges fonciers et l'égalité d'accès aux droits de propriété. Ces critères sont mesurés par les cinq indices subsidiaires distincts décrits dans l'encadré 2.4. Le tableau 2.2 présente une ventilation des scores des pays de la région MENA pour la qualité de l'administration des terres en fonction de chaque indice. Une fois de plus, le Qatar est en tête du classement régional pour ce qui est de la qualité globale de l'administration foncière, avec un score de 26, ce qui le place parmi les vingt premiers pays du monde, avec le même score que le Royaume-Uni, par exemple. Le Qatar a réalisé ces progrès en publiant ses normes officielles de qualité du service et les statistiques des tribunaux concernant les litiges fonciers[13]. La Jordanie a également fait des progrès considérables au regard de cet indicateur, se classant au deuxième rang de la région MENA, avec un score de 22,5, ce qui la place dans le top 50 avec le même score qu'Israël et l'Espagne. Les petits États du Golfe (tels que Bahreïn, les Émirats arabes unis et le Koweït) sont également en tête de la région pour ce qui est de la qualité de l'administration foncière. Toutefois, l'Arabie saoudite, avec un score de 14, se situe en dessous de la moyenne régionale de 15,1. Les États touchés par des conflits comme la Syrie (8,5) et la République du Yémen (7,0), les pays aux institutions opaques comme l'Algérie (7,5), et les pays les plus pauvres comme Djibouti (7,0) sont à la traîne des autres pays de la région, Djibouti et la République du Yémen occupant la dernière place du classement.

Figure 2.5 Indices de Qualité de l'administration foncière, par région et par pays/économie MENA, 2020

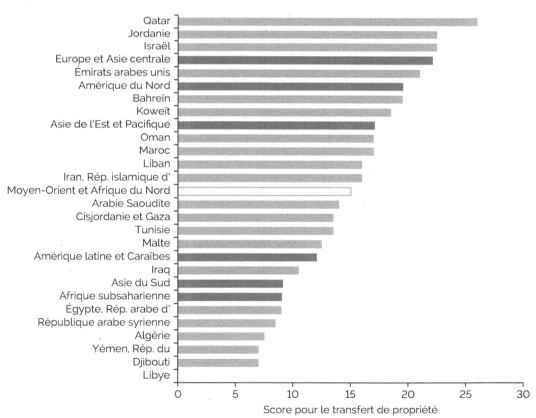

Source : Base de données *Doing Business* 2004–2020 de la Banque mondiale, https://archive.doingbusiness.org/en/doingbusiness.

Tableau 2.2 Scores pour l'indice de Qualité de l'administration foncière, MENA, 2020

Pays/ économie	Indice de fiabilité de l'infrastructure (0–8)	Indice de transparence de l'information (0–6)	Indice de couverture géographique (0–8)	Indice de résolution des litiges fonciers (0–8)	Indice de l'égalité d'accès aux droits de propriété (−2–0)	Total (0–30)
Qatar	8	3,5	8	6,5	0	26,0
Jordanie	7	3,5	6	6,0	0	22,5
Israël	8	4,5	4	6,0	0	22,5
Émirats arabes unis	8	2,5	4	6,5	0	21,0
Bahreïn	6	3,5	4	6,0	0	19,5
Koweït	3	2,5	8	5,0	0	18,5
Maroc	7	2,5	2	5,5	0	17,0
Oman	5	2,5	4	5,5	0	17,0
Iran, Rép. islamique d'	6	1,0	4	5,0	0	16,0
Liban	4	3,0	4	5,0	0	16,0
Arabie Saoudite	5	2,5	0	6,5	0	14,0
Tunisie	4	4,5	0	5,0	0	13,5
Cisjordanie et Gaza	5	1,0	4	3,5	0	13,5
Iraq	1	0,5	4	5,0	0	10,5
Égypte, Rép. arabe d'	2	3,0	0	4,0	0	9,0
République arabe syrienne	2	2,5	0	4,0	0	8,5
Algérie	1	1,5	0	5,0	0	7,5
Djibouti	3	1,5	0	2,5	0	7,0
Yémen, Rép. du	1	2,5	0	3,5	0	7,0
Libye	—	—	—	—	—	—
Moyenne MENA	*4,5*	*2,6*	*2,9*	*5,1*	*0*	*15,1*

Source : Base de données *Doing Business* 2004–2020 de la Banque mondiale, https://archive.doingbusiness.org/en/doingbusiness.
Note : — = non disponible.

Encadré 2.4 Composantes de l'indice de Qualité de l'administration foncière

L'indice de Qualité de l'administration foncière est un indice composite constitué de cinq indices subsidiaires, dont chacun peut être décomposé en composantes distinctes. Ces cinq indices et un aperçu des composantes qu'ils mesurent se présentent comme suit :

- L'*indice de Fiabilité de l'infrastructure* est compris entre 0 et 8, « les valeurs les plus élevées indiquant une meilleure qualité de l'infrastructure pour garantir la fiabilité des informations sur les titres et les limites de propriété ». Des scores de 0, 1 ou 2 sont attribués pour ses six composantes. La plupart de ces composantes ont trait à la numérisation et au stockage des informations relatives à l'administration des terres, notamment les titres fonciers formels et les plans cadastraux.
- L'*indice de Transparence des informations* est compris entre 0 et 6, « les valeurs les plus élevées indiquant une plus grande transparence du système d'administration des terres ». Des scores de 0, 0,5 ou 1 sont attribués pour ses dix composantes. La plupart de ces composantes évaluent si les informations sur la propriété foncière et les transactions immobilières sont rendues facilement accessibles au public.
- L'*indice de Couverture géographique* est compris entre 0 et 8, « les valeurs les plus élevées indiquant une plus grande couverture géographique dans l'enregistrement des propriétés foncières et la cartographie cadastrale ». Un score de 0 ou 2 est attribué pour ses quatre composantes. Ces composantes concernent l'exhaustivité du registre foncier et de la cartographie au niveau de la plus grande ville d'affaires et au niveau de l'économie.
- L'*indice de Résolution des litiges fonciers* est compris entre 0 et 8 et « évalue le cadre juridique de l'enregistrement des biens immobiliers et l'accessibilité des mécanismes de résolution des litiges ». Des scores de 0 à 3 sont attribués pour ses huit composantes. Ces composantes couvrent une variété de mesures juridiques relatives à l'enregistrement formel des terres et aux processus de résolution des conflits.
- L'*indice d'Égalité d'accès aux droits de propriété* est compris entre −2 et 0, ce qui pénalise essentiellement les scores des pays s'il existe un degré élevé d'inégalité d'accès aux droits de propriété. Seules deux composantes sont mesurées par cet indice : l'égalité d'accès des hommes et femmes mariés et l'égalité d'accès des hommes et femmes non mariés. S'il existe une différence de traitement dans l'un ou l'autre cas, on attribue un score de −1.

Les scores dérivés des composantes décrites par ces cinq indices sont ensuite additionnés, ce qui donne le score agrégé de Qualité de l'administration foncière.

Source : Base de données *Doing Business* 2004–2020 de la Banque mondiale, https://archive.doingbusiness.org/en /doingbusiness.

En général, la qualité des services d'administration foncière est meilleure dans les pays plus riches et plus petits de la région MENA, peut-être en raison d'une capacité plus élevée ou d'un nombre limité de transactions qui exerce moins de pression sur les systèmes d'administration foncière[14]. Pour les pays MENA, cela est illustré par la pente positive du graphique a de la figure 2.6, qui représente le score de Qualité de l'administration foncière en fonction du PIB par habitant, et par la pente négative du graphique b, qui représente le score de Qualité de l'administration foncière en fonction de la population[15].

Figure 2.6 Scores pour la Qualité de l'administration foncière (QLA) en fonction du PIB par habitant et de la population, MENA

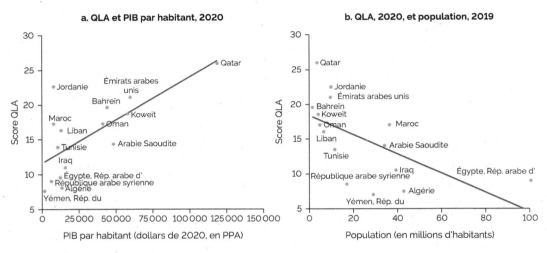

a. QLA et PIB par habitant, 2020

b. QLA, 2020, et population, 2019

Sources : Base de données *Doing Business* 2004–2020 de la Banque mondiale, https://archive.doingbusiness.org/en/doingbusiness ; Base de données des Indicateurs du développement dans le monde 2019 de la Banque mondiale, https://databank.worldbank.org /source/world-development-indicators.
Note : PPA = parité de pouvoir d'achat.

En général, les pays du CCG ont mis en place des systèmes d'enregistrement performants, mais le manque de transparence des informations reste un problème. La plupart des autres pays de la région MENA sont confrontés à des difficultés liées à la fiabilité et à la couverture de leurs systèmes d'enregistrement, en plus d'un manque de transparence. L'indice de Fiabilité de l'infrastructure rend compte de ces divergences, avec un score moyen de seulement 4,5 (sur 8) pour les pays MENA. Neuf pays — l'Algérie, Djibouti, l'Égypte, l'Iraq, le Koweït, le Liban, la République du Yémen, la Syrie et la Tunisie — ont obtenu un score inférieur à la moyenne régionale (voir l'encadré 2.4 et le tableau 2.2). En haut du classement, on trouve des pays comme le Qatar et les Émirats arabes unis (avec un score maximal de 8), qui disposent tous deux de titres fonciers formels et de plans de cartographie cadastrale sous un format entièrement numérique. Quant à l'indice de Transparence des informations, aucun État de la région n'a obtenu un score supérieur à 4,5 sur 6, la grande majorité étant en deçà de 3. En fait, seuls cinq pays de l'ensemble de la région ont obtenu un score supérieur à la moyenne mondiale de *Doing Business* pour la transparence des informations foncières.

La couverture géographique de l'enregistrement des terres est très problématique et fait cruellement défaut dans la plupart des pays de la région. Cette situation est illustrée par l'indice de Couverture géographique, qui est compris entre 0 et 8 et mesure si toutes les parcelles de terrain ont été enregistrées et cartographiées au niveau de la plus grande ville d'affaires et dans l'ensemble de l'économie. Comme le montre la figure 2.7, seuls la Jordanie, le Koweït et le Qatar ont un score de 6 ou plus, tandis que neuf pays — Algérie, Arabie saoudite, Djibouti, Égypte, Libye, Malte, République du Yémen, Syrie et Tunisie — affichent un score de 0 (ou « aucune pratique » dans le cas de la Libye). Parmi les pays qui font un score de 2 ou plus, l'enregistrement des propriétés formelles et la cartographie sont généralement à un niveau élevé dans la plus grande ville d'affaires, mais tendent à faire défaut dans l'ensemble de l'économie. En Cisjordanie, par exemple, moins de la moitié des terres sont enregistrées formellement. En Égypte, ce chiffre est encore plus bas — à peine 10 % (World Bank, 2018).

Figure 2.7 Scores pour l'indice de Couverture géographique, MENA, 2020

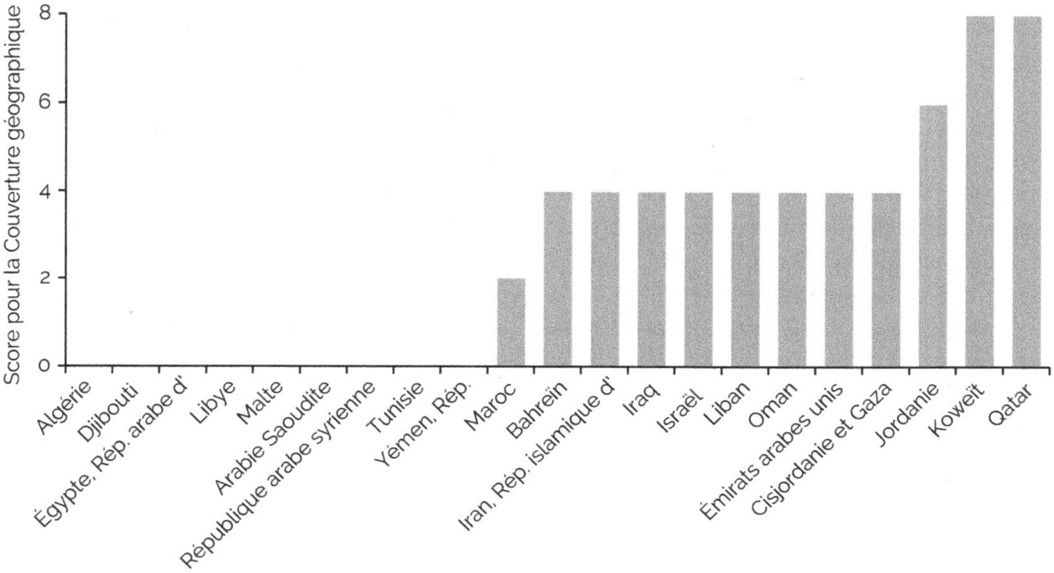

Source : Base de données *Doing Business* 2004–2020 de la Banque mondiale, https://archive.doingbusiness.org/en/doingbusiness.

Au Liban, on estime qu'environ 65 % de toutes les propriétés sont recensées et enregistrées (Maarrawi, 2020). Les faibles niveaux d'enregistrement peuvent s'expliquer par plusieurs facteurs, notamment la faible demande d'enregistrement formel au vu des procédures réglementaires lourdes et coûteuses, le manque d'incitations à maintenir des droits de propriété formels, le manque de perception des avantages découlant de la propriété foncière formelle, l'absence de capacité des administrations locales à planifier un développement urbain formel qui contribue à généraliser l'habitat informel, et l'inexistence de processus clairement définis pour intégrer les droits coutumiers au système statutaire.

Les faibles niveaux de couverture géographique, conjugués au manque d'informations publiques et de fiabilité de l'infrastructure, ont probablement contribué à un nombre important de litiges fonciers dans certains pays de la région MENA. C'est ce que laisse supposer l'indice *Doing Business* concernant la Résolution des litiges fonciers, qui constate qu'en moyenne le cadre juridique pour le règlement de ces litiges a obtenu un score de 5,2 sur un total possible de 8, bien que les procédures ne soient pas toujours correctement suivies dans la pratique et que les registres nationaux permettant de mesurer la prévalence des litiges fonciers et l'efficacité de leur règlement ne soient en général pas facilement accessibles.

Sur la base d'une étude couvrant seize pays (dont six dans la région MENA), le Justice Dashboard de l'Institut de La Haye pour l'innovation juridique (HiiL) estime que les litiges fonciers figurent parmi les problèmes juridiques les plus fréquemment cités (pour 15 % des personnes interrogées)[16]. Selon une autre étude sur la Cisjordanie et Gaza, 19 % de tous les différends portés devant les tribunaux palestiniens sur une période de 50 ans sont des litiges fonciers (World Bank, 2018). Des chiffres élevés d'un même ordre de grandeur ont également été relevés en Algérie et au Liban.

Dans ces pays, les litiges concernent principalement des revendications concurrentes de la propriété — généralement entre des parties privées ou avec les autorités publiques —, des questions d'héritage et de partage des biens. Dans de nombreux cas, ces conflits tournent autour de l'utilisation d'une procuration pour la cession d'un terrain. Utilisée comme substitut aux services d'enregistrement par ailleurs paralysés, elle est souvent contestée. Les cas impliquant le partage de biens sont souvent particulièrement lourds et peuvent rester non résolus pendant des années, ce qui fait que des actifs immobiliers font l'objet de transactions illégales ou bien sont utilisés de manière inefficace. Ces problèmes sont encore exacerbés par le fait que de nombreux pays de la région MENA ont une accessibilité relativement faible aux mécanismes de règlement des litiges. Par exemple, en Cisjordanie, une décision de justice portant sur la preuve de la propriété foncière prend généralement jusqu'à 29 mois pour être rendue, implique en moyenne cinq parties et nécessite 14 audiences (World Bank, 2018).

En définitive, dans la région MENA, la mauvaise gouvernance contribue à une mauvaise application des droits de propriété et à des niveaux élevés d'insécurité foncière. Le score moyen de l'indice des droits de propriété dans le cadre de l'indice de transformation Bertelsmann est de 5,6 sur 10, ce qui n'est supérieur qu'à l'Asie du Sud et l'Afrique subsaharienne[17]. Prindex, une initiative mondiale qui évalue la perception de la sécurité foncière au moyen d'enquêtes comparables et représentatives au niveau national, estime que 28 % des adultes de la région considèrent qu'il est probable qu'ils puissent perdre leur terre ou leur propriété contre leur gré au cours des cinq prochaines années — c'est le pourcentage le plus élevé de toutes les régions[18]. Dans les pays de la région MENA, l'insécurité foncière est particulièrement ressentie dans les zones urbaines, chez les jeunes, chez les locataires (notamment ceux qui n'ont pas officiellement la nationalité du pays où ils résident) et chez les femmes (voir chapitre 3).

NOTES

1. Voir Johnson et Ayachi (à paraître) pour plus de détails sur l'évolution historique des systèmes fonciers dans la région MENA.

2. Loi libyenne 4/1978 sur les biens immobiliers.

3. Par exemple, une loi de 1971 a transféré des terres *musha'* appartenant à l'État, mais non soumises à un droit d'usage collectif, aux municipalités, lorsque ces terres étaient situées à l'intérieur de leur aire géographique de compétence.

4. Les terrains et les bâtiments de l'État ne sont ni cartographiés ni inscrits officiellement dans le registre des biens immobiliers de l'Iraq. Dans les rares cas où les bâtiments publics sont enregistrés, il n'y a souvent aucune indication sur les droits de propriété ou d'utilisation.

5. La défaillance du ministère de l'Agriculture à aménager ces zones a conduit à une expansion agricole informelle par les petits exploitants.

6. Bertelsmann Stiftung, Bertelsmann Transformation Index (BTI) 2020 Country Reports, http://bti-project.org/.

7. Le score des droits de propriété de BTI évalue la mesure dans laquelle les autorités gouvernementales veillent à ce que les droits de propriété privée soient bien définis et réglementent l'acquisition, la jouissance, l'utilisation et la vente des biens. L'analyse des rapports pays 2020 de BTI révèle le rôle omniprésent de la corruption, de l'ingérence politique et du clientélisme dans tous les pays de la région MENA en matière de droits de propriété privée. L'indice de perception de la corruption de Transparency International (https://www.transparency.org/en/) mesure la perception de la corruption dans le secteur public sur une échelle de 0 à 100, où 0 correspond à une forte corruption et 100 à une absence de corruption.

8. Les pays du CCG comprennent l'Arabie saoudite, Bahreïn, les Émirats arabes unis, le Koweït, Oman et le Qatar.

9. Une étude récente sur la Cisjordanie (World Bank, 2018) a estimé que l'efficacité de la collecte de la taxe foncière pour les terrains non enregistrés (1,8 %) était inférieure de moitié à celle des terrains enregistrés (4,5 %).

10. Base de données *Doing Business* 2004–2020 de la Banque mondiale, https://archive.doingbusiness.org/en /doingbusiness.

11. Idem.

12. En République du Yémen, il peut y avoir un contraste important entre la performance moyenne de la capitale et celle du reste du pays, ce qui n'est pas pris en compte dans tous les indicateurs des sous-composantes. Il n'existe pas de données pour la Libye.

13. Le score du Qatar pour la qualité de l'administration foncière s'est amélioré, passant de 23,5 en 2016 à 26 en 2020.

14. Conformément à cette observation, le rapport *Doing Business* indique que de nombreux États du Golfe ont un nombre plus bas de transactions immobilières (World Bank, 2020). L'Arabie saoudite constitue une exception.

15. En revanche, les indicateurs de mauvaise gouvernance foncière sont généralement associés à une plus grande informalité, une plus grande pauvreté et de plus grandes inégalités.

16. Voir https://dashboard.hiil.org/.

17. Bertelsmann Stiftung, Bertelsmann Transformation Index (BTI) 2020 Country Reports, MENA, http://bti -project.org/.

18. Prindex (tableau de bord), 2020, https://www.prindex.net/.

RÉFÉRENCES BIBLIOGRAPHIQUES

Adamo, N., et N. Al-Ansari. 2020. "The First Century of Islam and the Question of Land and Its Cultivation (636–750 AD)." *Earth Sciences and Geotechnical Engineering* 10 (3): 137–58.

Balgley, D. 2015. "Morocco's Fragmented Land Regime: An Analysis of Negotiating and Implementing Land Tenure Policies." IPE Summer Research Grant Report, University of Puget Sound, Tacoma, WA. http://www .pugetsound.edu/files/resources/balgley.pdf.

Benessaiah, N. 2015. "Authority, Anarchy and Equity: A Political Ecology of Social Change in the Algerian Sahara." PhD diss., University of Kent, Kent, UK.

Coalition for Integrity and Accountability, AMAN. 2014. *Political Corruption in the Arab World.* Ramallah, West Bank : AMAN.

El-Meehy, A. 2013. "Institutional Development and Transition: Decentralization in the Course of Political Transformation." Rapport de la CESAO, Commission économique et sociale des Nations Unies pour l'Asie occidentale, Beyrouth, Liban.

Foroudi, L. 2020. "'We Had to Get Our Land Back': Tunisian Date Farm Proves Revolutionary Bright Spot." Reuters, 17 décembre 2020. https://www.reuters.com/article/us-tunisia-uprising-land-idUSKBN28R0GH.

Hajrah, H. H. 1974. "Public Land Distribution in Saudi Arabia." PhD diss., Durham University, Durham, Royaume-Uni.

Hursh, J. 2014. "Women's Rights and Women's Land Rights in Postcolonial Tunisia and Morocco: Legal Institutions, Women's Rights Discourse, and the Need for Continued Reform." LLM diss., McGill University, Montréal, Québec, Canada.

Johannsen, A., M. Nabil Mahrous et M. Graversen. 2009. "Land-Owner Disputes in Egypt: A Case Study of the Abū Fānā Tensions in May 2008." *Arab West Report Paper,* n° 15, 26 août 2009.

Johnson, C. et N. Ayachi. A paraître. "Land Tenure Systems in the Middle East and North Africa Region: Historical Legacies from the 7th Century to the Present." Document de référence préparé pour ce rapport, Banque mondiale, Washington, DC.

Maarrawi, G. 2020. "The System of Land Registration in Lebanon." Présentation, Webinaire de l'Université libanaise, 15–17 juin 2020, Beyrouth.

Nada, M. et D. Sims. 2020. "Assessment of Land Governance in Egypt." Document de référence préparé pour ce rapport, Banque mondiale, Washington, DC.

Palestinian National Authority. 2008. "National Land Policy Framework." Palestinian National Authority, Land Administration Project.

Puddephatt, A. 2012. "Corruption in Egypt." Global Partners and Associates, Royaume-Uni.

Revkin, M. R. 2014. "Triadic Legal Pluralism in North Sinai: A Case Study of State, Shari'a, and 'Urf Courts in Conflict and Cooperation." *UCLA Journal of Islamic and Near Eastern Law* 13: 21.

Sait, S., and H. Lim. 2006. *Land, Law and Islam: Property and Human Rights in the Muslim World.* London : Zed Books.

Salisu, T. M. 2013. "'Urf/'Adah (Custom): An Ancillary Mechanism in Shari'ah." *Ilorin Journal of Religious Studies* 3 (2): 133–48.

Unruh, J. 2016. "Mass Claims in Land and Property Following the Arab Spring: Lessons from Yemen." *Stability: International Journal of Security and Development* 5 (1).

USAID (US Agency for International Development). 2011. "Land Links : Morocco." https://www.land-links.org/country-profile/morocco/.

Waldner, D. 2004. "Land Code of 1858." In *Encyclopedia of the Modern Middle East and North Africa,* édité par P. Mattar. Detroit, MI : Thomson Gale. https://www.encyclopedia.com/humanities/encyclopedias-almanacs-transcripts-and-maps/land-code-1858.

World Bank. 2018. *Socio-Economic Effects of Weak Land Registration and Administration System in the West Bank.* Washington, DC : World Bank.

World Bank. 2020. *Doing Business 2020: Comparing Business Regulation in 190 Economies.* Washington, DC : World Bank. https://www.worldbank.org/en/programs/business-enabling-environment.

CHAPITRE 3

Difficultés d'accès à la terre dans la région MENA

INTRODUCTION

Le présent chapitre décrit comment les faiblesses en matière de gouvernance foncière associées aux normes et pratiques sociales limitent l'accès à la terre des entreprises et des individus dans la région MENA, entravant ainsi le développement du secteur privé et contribuant à l'exclusion et à la vulnérabilité.

DIFFICULTÉS D'ACCÈS À LA TERRE POUR LES ENTREPRISES

Le fait que les entreprises rencontrent des obstacles pour accéder à la terre est un problème commun à tous les pays MENA. La figure 3.1, qui est basée sur les enquêtes de la Banque mondiale auprès des entreprises (Enterprise Surveys), montre le pourcentage d'entreprises dans le monde qui considèrent l'accès à la terre comme un obstacle majeur ou sérieux à leur activité[1]. L'accès des entreprises à la terre est en moyenne très difficile (23 %) dans la région MENA, et seulement meilleur qu'en Afrique subsaharienne (29 %). Dans sept des dix pays MENA de l'échantillon, plus de 20 % des entreprises (plus de 50 % en Iraq) ont du mal à accéder à la terre.

Les appuis politiques facilitent probablement l'accès à la terre dans les pays de cette région où les entreprises ont plus de liens avec les milieux politiques que partout ailleurs (figure 3.2). Certes, les liens entre les entreprises et le milieu de la politique sont un phénomène mondial, mais celui-ci est relativement plus répandu dans la région MENA. Par exemple, il y a deux fois plus d'entreprises avec des liens politiques dans cette région (5,9 %) que dans la région

Figure 3.1 Pourcentage des entreprises qui considèrent l'accès à la terre comme un obstacle majeur ou sérieux, par région et pays ou économie

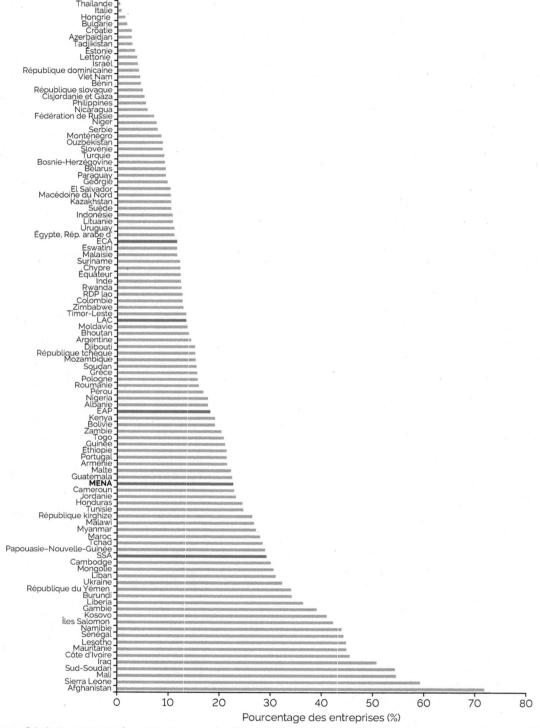

Source : Calculs des auteurs basés sur la base de données *Enterprise Surveys* de la Banque mondiale, pour diverses années depuis 2013, https://www.enterprisesurveys.org/en/enterprisesurveys.

Note : Cette figure présente le pourcentage d'entreprises manufacturières dans chaque pays (ou économie) ou région qui déclarent dans les *Enterprise Surveys* de la Banque mondiale que l'accès à la terre constitue un obstacle majeur ou sérieux à leur activité. EAP : Asie de l'Est et Pacifique ; ECA : Europe et Asie centrale ; LAC : Amérique latine et Caraïbes ; MENA : Moyen-Orient et Afrique du Nord ; SSA : Afrique subsaharienne.

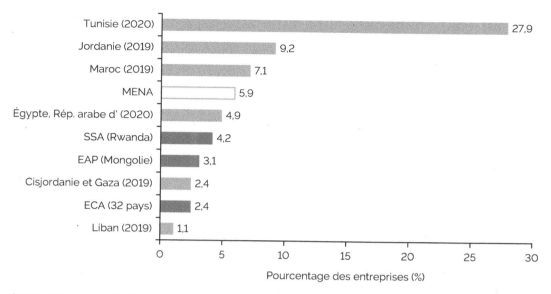

Figure 3.2 Pourcentage des entreprises ayant des liens politiques, par région et par pays ou économie de la région MENA, 2019 et 2020

Source : Base de données *Enterprise Surveys* de la Banque mondiale, diverses années, https://www.enterprisesurveys.org/en /enterprisesurveys.
Notes : La figure montre la part des entreprises ayant des liens politiques dans certains pays ou économies et régions selon les *Enterprise Surveys* de la Banque mondiale. On considère qu'une entreprise interrogée a des liens politiques lorsque l'un de dirigeants (propriétaire, PDG, cadre supérieur ou membre du conseil d'administration) a déjà été élu ou nommé à un poste politique. EAP : Asie de l'Est et Pacifique ; ECA : Europe et Asie centrale ; MENA : Moyen-Orient et Afrique du Nord ; SSA : Afrique subsaharienne

Europe et Asie centrale (2,4 %). La majeure partie de ces entreprises se trouvent en Tunisie (27,9 %) et en Jordanie (9,2 %), où leur prévalence dépasse la moyenne régionale. La figure 3.3 montre la répartition des entreprises en République arabe d'Égypte, au Maroc et en Tunisie qui citent l'accès à la terre comme un obstacle majeur ou sérieux à leur activité, en distinguant entre les entreprises avec et sans lien politique. De toute évidence, au Maroc et en Tunisie, les entreprises liées au pouvoir politique rencontrent moins de difficultés pour accéder à la terre que celles qui ne le sont pas.

La valeur des liens politiques semble dépendre du contexte et sensible aux transitions politiques. Cette hypothèse est évaluée dans un document de travail préparé pour le présent rapport sur la base des *Enterprise Surveys* de la Banque mondiale en Tunisie et en Égypte (voir annexe 3A et Selod et Soumahoro, à paraître). L'étude compare la différence entre les difficultés rencontrées pour accéder à la terre par les entreprises ayant des liens politiques qui ont été créées après un changement de régime (entreprises probablement liées au nouveau régime) et celles ayant des liens politiques qui avaient été créées avant le changement de régime (et dont les liens pourraient être devenus obsolètes), et la différence entre les difficultés rencontrées pour accéder à la terre par les entreprises sans lien politique créées après et avant le changement de régime. L'analyse montre que des liens politiques actifs ont probablement contribué à réduire de 20 % en Égypte et de 32 % en Tunisie le pourcentage des entreprises qui ont de sérieuses difficultés pour accéder à la terre. Elle montre en outre que non seulement les liens politiques avec un ancien régime deviennent moins utiles, mais

Figure 3.3 Pourcentage des entreprises, avec ou sans liens politiques, qui déclarent rencontrer de sérieux obstacles pour accéder à la terre au Maroc, en République arabe d'Égypte et en Tunisie, 2019 et 2020

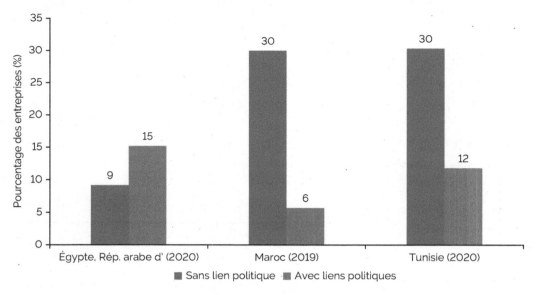

Source : Base de données *Enterprise Surveys* de la Banque mondiale, diverses années, https://www.enterprisesurveys.org/en /enterprisesurveys.

qu'ils pourraient même s'avérer un handicap pour surmonter les difficultés d'accès au foncier après une transition politique.

DIFFICULTÉS D'ACCÈS À LA TERRE POUR LES FEMMES

Dans les pays MENA, les femmes restent confrontées à des difficultés diverses pour accéder à la terre et protéger leurs droits fonciers. La présente section décrit les disparités entre les sexes en termes d'accès à la terre et à la propriété dans la région et examine les façons dont les institutions formelles et informelles perpétuent les inégalités entre les hommes et les femmes.

D'après les rares données administratives disponibles pour les propriétés enregistrées, les hommes de la région MENA possèdent une part beaucoup plus importante de biens fonciers et immobiliers que les femmes. Très peu de pays communiquent ou même compilent des statistiques par sexe sur la propriété foncière et immobilière à partir de leurs registres. La Jordanie, où le Department of Land and Surveys tient à jour des données d'enregistrement par genre, est une exception en la matière. En 2014, les femmes en Jordanie possédaient 24,7 % des appartements enregistrés, contre 70 % pour les hommes, le reste étant détenu en copropriété par des hommes et des femmes (5,3 %). Toutefois, ces chiffres calculés à partir de données administratives ne reflètent que les disparités de propriété dans le sous-ensemble des propriétés officiellement enregistrées. En fait, l'inégalité entre les sexes en matière de propriété foncière et immobilière est probablement beaucoup plus importante que ne l'indiquent les données administratives, car le pourcentage de femmes propriétaires de logements et de terres est probablement encore plus faible pour les propriétés non enregistrées[2].

Dans l'ensemble, les écarts entre les sexes en matière de propriété foncière et de logement sont encore plus marqués dans les enquêtes représentatives au niveau national qui couvrent également les propriétés non enregistrées[3]. La situation de la propriété foncière des femmes telle que présentée dans le rapport d'enquête sur la population jordanienne et la santé des familles est nettement inférieure à celle décrite en 2012 par le Department of Land and Surveys, où environ 7 % des femmes mariées possèdent des terres (contre 51 % des hommes) et 7 % possèdent une maison (contre 61 % des hommes)[4]. En Égypte, on estime que seulement 2 % des femmes mariées âgées de 15 à 49 ans possèdent des terres, et qu'à peine 5 % possèdent une maison (Ministry of Health and Population, El-Zanaty and Associates, et ICF International, 2015). Une enquête pilote sur l'héritage réalisée en Cisjordanie et à Gaza pour le présent rapport révèle que moins de 20 % des femmes possédaient des terres au moment de leur décès, contre environ la moitié des hommes (World Bank, 2019). En ce qui concerne l'immobilier résidentiel, l'enquête montre une différence encore plus frappante, avec environ 5 % de femmes propriétaires de leur maison au moment de leur décès, contre 77 % des hommes[5]. La même enquête répliquée dans les zones rurales en Tunisie révèle que 21 % des femmes possédaient des terres au moment de leur décès, contre 87 % des hommes (GIZ, 2021)[6]. On observe aussi des disparités entre les femmes et les hommes en matière de propriété dans les résultats des enquêtes Prindex[7], qui révèlent que les hommes ont deux fois plus de chances que les femmes dans la région MENA d'être propriétaires ou copropriétaires de la résidence dans laquelle ils vivent[8].

Les disparités entre les sexes sont souvent amplifiées en milieu rural : non seulement cette région a le taux le plus faible de femmes possédant des terres agricoles au monde, mais les femmes y détiennent des parcelles plus petites et font face à des restrictions plus importantes pour accéder aux financements et investir dans l'agriculture. On estime que seulement 5 % des femmes possèdent des propriétés agricoles dans toute la région MENA (bien que 40 % participent à la production agricole). C'est le taux le plus faible de femmes propriétaires de terres agricoles dans le monde en développement, alors qu'il est de 11 % en Asie (sans le Japon), 15 % en Afrique subsaharienne et 18 % en Amérique latine (Campos et al., 2015 ; USAID, 2016). En outre, les terres agricoles détenues par des femmes sont généralement plus petites et moins productives que celles des hommes dans la plupart des pays MENA (Lawry et al., 2017 ; World Bank, 2011)[9]. Dans de nombreuses exploitations familiales, les femmes ne sont souvent pas rémunérées pour leur travail, ce qui augmente encore leur vulnérabilité et leur dépendance économique[10]. Les contrats de métayage sont rarement signés par des femmes, même si elles ont obtenu ce droit fondamental lors des réformes agraires en Algérie, en Égypte et en République arabe syrienne dans les années 1950. Cela peut être dû, en partie, au faible taux d'alphabétisation des femmes — en particulier dans les zones rurales — qui les empêche d'accéder aux informations sur les droits fonciers ou de lire, comprendre et signer des contrats équitables[11]. De même, les agricultrices sont confrontées à davantage de restrictions que les hommes pour accéder au financement (une situation peut-être exacerbée par leur difficulté à utiliser la terre comme garantie)[12].

En plus des faibles taux de propriété, les femmes de la région MENA sont davantage confrontées à l'insécurité foncière[13] que les hommes, et l'écart entre les sexes est plus important en la matière que dans le reste du monde. Étant donné que les femmes accèdent principalement à la terre par le biais du mariage et de l'héritage, leur vulnérabilité est évidente en cas de divorce ou de décès de leur conjoint. Elles peuvent ne pas avoir le droit de garder la terre qu'elles ont travaillée ou possédée, ou se voir refuser le droit d'habiter leur propriété conjugale ou de maintenir une activité économique sur leurs terres agricoles par leur fils aîné ou leurs beaux-frères (voir COHRE, 2006). L'enquête mondiale Prindex sur les droits fonciers et immobiliers confirme cette vulnérabilité en estimant la proportion de femmes mariées et d'hommes mariés qui craignent de perdre leur terre en cas de divorce ou de décès du conjoint[14]. La figure 3.4 présente ces estimations pour les économies de la région MENA et montre clairement les raisons pour lesquelles les femmes se sentent beaucoup moins en

Figure 3.4 Différences entre les sexes dans la perception de l'insécurité foncière en cas de divorce ou de décès du conjoint dans la région MENA

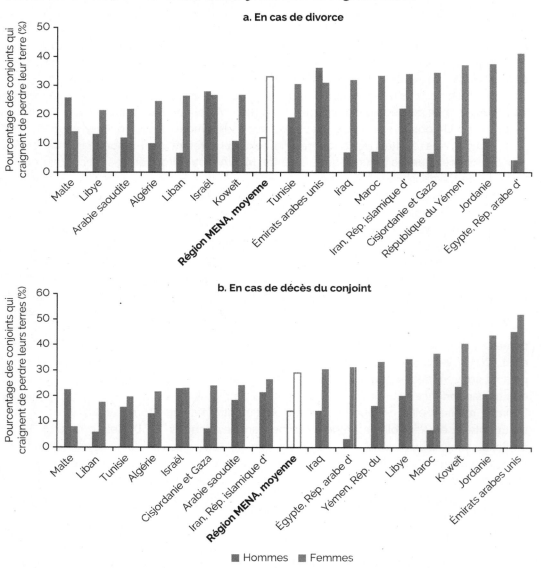

Source : Prindex (tableau de bord), 2020, https://www.prindex.net/.
Note : La figure présente, pour chaque pays ou économie de la région MENA, les pourcentages de femmes et d'hommes mariés qui craignent de perdre leur terre en cas de divorce (graphique a) ou de décès du conjoint (graphique b).

sécurité que les hommes. En Égypte, en particulier, 41 % des femmes contre 4 % des hommes craignent de perdre leurs propriétés en cas de divorce (voir le graphique a de la figure 3.4). La même inquiétude est rapportée en cas de décès d'un conjoint. Par exemple, cette éventualité inquiète 37 % des femmes (contre 7 % des hommes) au Maroc et 31 % des femmes (contre 3 % des hommes) en Égypte (voir le graphique b de la figure 3.4). Globalement, c'est dans la région MENA que les femmes mariées, en comparaison des hommes mariés, se sentent le plus à risque de perdre leurs propriétés dans ces deux scénarios. L'écart entre les deux est de 21 points de pourcentage (Prindex 2020)[15].

Les écarts concernant la propriété foncière et immobilière et la sécurité d'occupation sont dus au fait que les institutions formelles et informelles ne soutiennent pas suffisamment les droits des femmes. Les lois civiles et religieuses qui favorisent les hommes en matière d'héritage et de gestion des actifs patrimoniaux et les normes et pratiques sociales qui créent un déséquilibre entre les sexes sont deux des principales causes d'inégalités en matière de propriété foncière et immobilière dans la région MENA. Dans la plupart des pays de cette région, les cadres juridiques accordent aux hommes et aux femmes des droits comparables dans une diversité de domaines. En vertu du droit civil, les femmes peuvent posséder, démarrer et vendre une entreprise, effectuer des transactions financières, acheter, vendre, louer et hypothéquer des biens, donner des procurations de manière indépendante, et beaucoup plus. Dans de nombreux pays, cependant, les cadres juridiques continuent de désavantager les femmes de deux manières importantes : en leur refusant des droits égaux en matière d'héritage sur la terre et les biens, et en les privant de pouvoirs dans la gestion des actifs.

Les procédures de succession suivent diverses interprétations de la loi islamique dans les pays de la région MENA, mais aucun de ceux-ci n'accorde des droits de succession égaux sur les actifs aux enfants de sexe masculin et féminin. Dans les écoles religieuses sunnites et chiites, les filles reçoivent la moitié de la part de leur frère[16]. En outre, bien qu'il soit notable que les conjoints héritent en islam, les Émirats arabes unis sont le seul pays qui accorde des droits d'héritage égaux aux conjoints. Dans l'islam sunnite, les veuves reçoivent un quart de la succession du mari s'il n'y a pas d'héritier et seulement un huitième s'il y en a. Dans l'islam chiite, les veuves n'ont pas le droit d'hériter la terre. Hormis au Liban, en Syrie et dans une certaine mesure, en Égypte, les minorités religieuses appliquent aussi les principes de la chari'a en matière d'héritage[17]. De fait, les chrétiens et les musulmans de toute la région MENA ont adopté des stratégies similaires pour transmettre le contrôle des terres et des biens aux héritiers mâles. Par exemple, les chrétiens jordaniens semblent avoir volontairement appliqué la chari'a aux questions d'héritage dans leurs propres cours et tribunaux pendant des décennies (voir Jansen, 1993; JNCW, 2010).

Aucune disposition juridique ne sanctionne l'obstruction de l'accès des femmes à leurs droits d'héritage dans de nombreux pays de la région. Toutefois, ce sont les hommes qui sont chargés de l'interprétation jurisprudentielle (*fiqh* en arabe, *foqaha* en farsi) de la chari'a, et il n'y a généralement pas de mécanismes d'application adéquats dans les lois. Ils peuvent donc priver les femmes de leur héritage, car il n'y a ni mesures dissuasives ni obligation de rendre des comptes (WCLAC, 2014). De même, la loi islamique ne spécifie pas la sanction en cas de non-respect des conditions de partage d'une succession. En conséquence, on empêche souvent les femmes de recevoir les biens qui leur reviennent en héritage. Par exemple, la figure 3.5 montre qu'au cours des 10 dernières années, environ le quart en moyenne des affaires de succession en Jordanie étaient liées à l'exclusion d'héritiers. Toutefois, depuis 2011, lorsque le pays a introduit une protection juridique contre la renonciation forcée à l'héritage, on note une tendance générale à la baisse de ce taux

Figure 3.5 Nombre d'affaires de succession liées à l'exclusion d'héritiers devant les tribunaux islamiques en Jordanie, 2010–2020

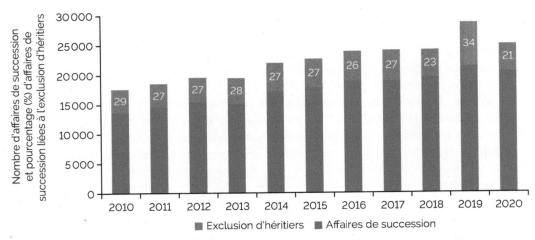

Source : Tribunaux islamiques de Jordanie, 2010–20.

Figure 3.6 Évolution du pourcentage des affaires de succession liées à l'exclusion d'héritiers devant les tribunaux islamique en Jordanie, 2010–2020

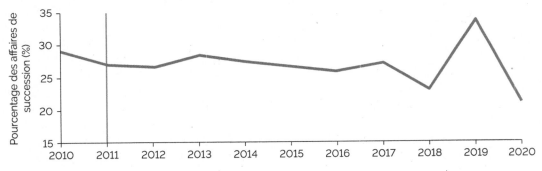

Source : Tribunaux islamique en Jordanie, 2010–20.
Note : La ligne verticale marque l'introduction de la protection juridique contre la renonciation forcée à l'héritage.

(voir figure 3.6). D'autres pays, comme l'Égypte en 2011, ont également adopté récemment des dispositions juridiques condamnant toute personne qui empêche délibérément des héritiers, principalement des femmes, de recevoir leur part d'héritage (ECWR, 2017). Pourtant, l'exclusion des femmes dans les affaires de succession persiste dans toute la région MENA.

Des lois successorales discriminatoires compromettent la sécurité économique des femmes, en particulier en ce qui concerne la gestion des actifs. Cette inégalité de traitement à l'égard des femmes est mise en évidence par l'indice *Women, Business and the Law (WBL)* de la Banque mondiale, qui identifie les obstacles juridiques à l'indépendance économique des femmes à l'aide de huit indicateurs, dont l'indicateur Actifs, lequel évalue les différences entre les sexes en matière de propriété et d'héritage[18]. Au niveau mondial, l'indice WBL montre que les réformes les plus lentes vers l'égalité des sexes concernent la propriété et l'héritage. La figure 3.7 illustre à quel point les réformes concernant l'indicateur Actifs de WBL ont été

Figure 3.7 Égalité des sexes dans les cadres juridiques régissant la propriété et l'héritage par région, 1970–2020

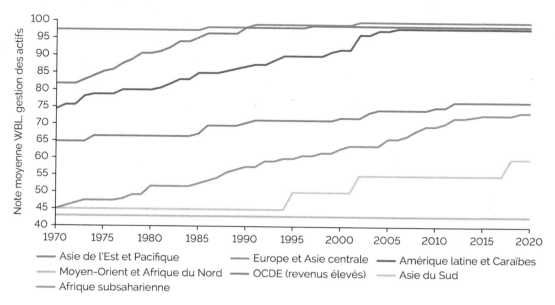

Source : Calculs des auteurs basés sur l'indicateur des actifs de Women, Business and the Law 2020 (World Bank 2020).
Note : OCDE : Organisation de coopération et de développement économiques ; WBL : Women, Business and the Law.

peu nombreuses au cours des 10 dernières années. Bien que cela soit vrai pour toutes les régions, cela l'est particulièrement pour les pays MENA, car ces réformes sont souvent considérées comme des défis à la jurisprudence et aux normes sociales islamiques. Parmi dix pays étudiés par le Baromètre arabe (2020), ce n'est qu'au Liban que la majorité des gens pensent que la part d'héritage des femmes devrait être égale à celle des hommes. En outre, la région MENA a la note la plus faible en ce qui concerne la gestion des actifs, et les femmes subissent indûment les conséquences de la lenteur des réformes en faveur de l'égalité dans ce domaine.

Dans toute la région MENA, les normes sociales exercent une forte pression sur les femmes pour qu'elles renoncent à leurs droits d'héritage sur la propriété, souvent sans compensation équitable. La terre est considérée traditionnellement comme une importante source de revenus permettant aux hommes de prendre soin de leur famille. Les familles sont donc souvent réticentes à en céder des parts aux filles qui, une fois mariées, transmettront ce bien précieux à la famille de leur mari.

Pendant des décennies, les femmes ont été exclues de l'héritage par la pression sociale pour renoncer volontairement à leurs droits en faveur de leurs frères — une pratique connue sous le nom de *takharuj*. Les données relatives à cette pratique sont rares, mais celles des tribunaux islamiques jordaniens révèlent qu'en 2014, un tiers des héritières ont renoncé à tous leurs droits de succession en vertu du *takharuj*. En Cisjordanie et à Gaza, l'enquête pilote menée pour le présent rapport (World Bank, 2019) indique que 16 % des femmes ont renoncé à leurs parts d'héritage d'une propriété résidentielle en faveur d'autres héritiers, et que 28 % des femmes en droit d'hériter d'une terre n'ont pas reçu leur juste part et n'ont pas été pleinement ou du tout indemnisées. En Tunisie, la réplique dans les zones rurales de huit régions de l'enquête pilotée dans le cadre du présent rapport a montré que plus de 70 % des femmes devant hériter des terres n'ont pas reçu leur part (GIZ, 2021)[19]. En Égypte, on estime que près de 60 % des femmes sont privées de leurs parts d'héritage, la pratique du *takharuj* étant particulièrement répandue dans toute la Haute-Égypte (Najjar, Baruah et El Garhi, 2020).

Des normes sociales discriminatoires empêchent également les femmes de faire valoir leurs droits devant les tribunaux. Celles qui refusent de renoncer à leurs droits à l'héritage sont souvent menacées d'abandon, d'ostracisme et, dans les cas extrêmes, de violences verbales et physiques (Naffa et al., 2007). De fortes pressions peuvent être exercées pour dissuader les femmes qui ont été spoliées ou contestent le partage des biens successoraux de faire appel au système judiciaire. En effet, les normes sociales condamnent quiconque intente une action en justice contre un membre de sa famille. En outre, les requêtes légales en matière de succession coûtent cher et sont difficiles pour les femmes si les hommes de la famille ne sont pas disposés à coopérer (Prettitore, 2013a, 2013b). Dans un rapport de 2017 sur les perceptions publiques des institutions judiciaires et sécuritaires de la Palestine, le Programme des Nations Unies pour le développement (PNUD) constate que les femmes palestiniennes sont souvent très réticentes à ester en justice et généralement moins susceptibles que les hommes d'avoir recours aux tribunaux (UNDP, 2017)[20]. Enfin, une enquête menée en 2009 par l'ONG Women's Affairs Center à Gaza trouve que 23,8 % des femmes se voient refuser leur droit à l'héritage et que 62,5 % ne reçoivent aucun type de conseil juridique externe (NRC, 2011).

Les femmes peuvent également être privées de leur héritage par des voies autres que la renonciation explicite. Celles-ci comprennent la décision de ne pas diviser la terre, les ventes à des membres masculins de la famille avant la mise en œuvre des procédures de succession, le non-enregistrement de la propriété ou la divulgation incomplète des actifs de la succession du défunt. Dans de nombreux pays de la région, la pratique la plus courante consiste à empêcher la division de la terre — parfois pendant des décennies — pour éviter son morcellement[21], ce qui réduit l'accès des femmes aux terres. Par exemple, une enquête menée en 2010 par l'OSC *Jordanian National Forum for Women* confirme que la principale méthode utilisée pour priver les femmes de leurs droits est d'entraver le partage de l'héritage entre les héritiers. Il ressort de l'enquête que 34 % des femmes résidant dans le gouvernorat d'Irbid n'ont pas reçu leur part légale d'héritage parce que les terres n'avaient pas été morcelées (Ababsa, 2017)[22].

Une autre pratique courante en Jordanie est la donation de terres aux héritiers masculin avant la mort du père. Ces dons sont enregistrés comme des ventes et encouragés par la taxe de 1 % qui s'y applique (contre 9 % lorsque la terre est vendue en dehors de la famille). Les femmes sont souvent tenues dans l'ignorance de la valeur réelle des actifs donnés, et les héritiers masculins peuvent donc leur offrir, en guise de compensation, des cadeaux symboliques — appelés *qa* ou *takrim* en Jordanie — de valeur largement inférieure à celle de leurs parts légales de l'héritage. Toujours en Jordanie, les données du Department of Land and Surveys recueillies pour Ababsa (2017) montrent que plus d'un tiers (37 %) des transactions foncières effectuées en 2014 l'ont été entre parents proches (*usūl wa-fughūr*), c'est-à-dire entre parents et enfants, frères et sœurs, et maris et femmes. Il semble que la plupart de ces transactions aient eu lieu entre pères et fils, ou entre des pères et leurs frères, sans impliquer les femmes. Au fil des ans, le nombre de ventes de terrains au sein de la cellule familiale a globalement augmenté, passant d'un quart des ventes en 2005 à plus d'un tiers en 2014.

L'accès limité à la terre et à la propriété, ajouté à d'autres formes d'inégalités entre les sexes, a probablement des effets néfastes sur le statut économique des femmes et des répercussions négatives sur le développement économique dans toute la région MENA. En règle générale, dans cette région — et dans le reste du monde — les niveaux d'inégalité entre les sexes sont globalement élevés dans les pays où la qualité de l'administration foncière est la plus faible (voir figure 3.8). Toutefois, il est difficile de savoir quel est le véritable impact des disparités en matière de propriété et d'insécurité foncières sur les résultats économiques des femmes, car les données font cruellement défaut pour la plupart des pays de la région. Néanmoins, les recherches effectuées dans d'autres régions et les obstacles qui entravent l'accès des femmes à la terre dans la région MENA donnent à penser que les différences entre les sexes en matière d'accessibilité de la terre ont de multiples conséquences négatives (Meinzen-Dick et al., 2019). Par exemple, sans terre ni propriété, les femmes ne pourront vraisemblablement se servir de la terre comme garantie pour contracter un emprunt. Elles ne pourront dès lors pas diversifier leurs moyens de subsistance, par exemple en démarrant une activité de transformation de produits agricoles.

Limiter ainsi la capacité des femmes à générer des revenus peut accroître la pauvreté des ménages, en particulier pour les veuves ou les femmes divorcées. En outre, l'accès restreint des femmes à la terre et aux droits fonciers limite, à son tour, leur pouvoir décisionnel au sein des ménages. Et cela a un impact négatif sur leur autonomisation vis-à-vis de leurs conjoints, ainsi que des conséquences intergénérationnelles, car cela peut les empêcher d'assurer une alimentation ou une éducation adéquates à leurs enfants. De plus, l'ensemble

Figure 3.8 Inégalité entre les sexes et qualité de l'administration foncière dans la région MENA et le reste du monde

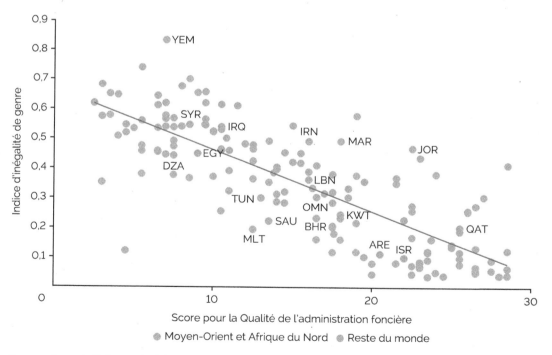

Sources : Score de l'indicateur Qualité de l'administration foncière, base de données *Doing Business* 2004–2020 de la Banque mondiale, https://archive.doingbusiness.org/en/doingbusiness ; Indice d'inégalité de genre : UNDP (2018).
Notes : Dans le graphique, les axes horizontal et vertical présentent les chiffres de 2020 pour l'indice de Qualité de l'administration foncière et l'indice d'inégalité de genre, respectivement. Pour les codes pays, voir figure 1.4.

de l'économie souffre d'une baisse de l'investissement en raison de la faiblesse des droits fonciers des femmes. Les droits de propriété et la sécurité de tenure foncière sont donc essentiels à l'amélioration des moyens de subsistance, à la prospérité économique et au développement durable[23].

DROITS À LA TERRE ET À LA PROPRIÉTÉ DES RÉFUGIÉS ET DES DÉPLACÉS INTERNES

La présente section décrit les difficultés auxquelles sont confrontés les réfugiés et les déplacés internes dans toute la région MENA pour accéder à la terre et protéger leurs droits fonciers.

Les conflits dans cette région ont placé le droit au logement, à la terre et à la propriété des réfugiés et des déplacés internes au premier plan en tant que problème clé à résoudre pour assurer la reconstruction et le reprise[24]. Les conflits et les déplacements de populations qui en résultent ont rendu nécessaires des réformes législatives urgentes pour appuyer l'accès à la terre et au logement des réfugiés et des déplacés internes dans les régions de destination, la protection juridique des terres et des propriétés, et les mécanismes de règlement des différends pour les ventes forcées, les propriétés abandonnées et la destruction des documents de propriété dans les régions d'origine.

La destruction de titres de propriété, l'absence de registres fonciers transparents et des systèmes contradictoires de tenure foncière compliquent le processus en cours de réconciliation nationale, y compris les dispositions ayant trait à l'indemnisation et à la restitution des biens. Les récentes guerres en Iraq, en Libye, en République du Yémen et en Syrie ont causé d'immenses souffrances et destructions, entraînant des millions de réfugiés et de déplacés internes. La majorité de ces derniers ne possèdent aucune preuve fiable de propriété de leurs biens et, le cas échéant, celles-ci sont souvent détruites ou confisquées. Par exemple, dans le sud de la Syrie, seuls 9 % des familles déplacées internes ont conservé leurs titres de propriété (NRC, 2017). La confiscation des documents relatifs au logement, à la terre et à la propriété des réfugiés et des déplacés internes est un moyen de les priver de la possibilité de récupérer leurs biens et de revenir (Vignal, 2019). En Syrie, 7 millions de réfugiés syriens et 6 millions de déplacés internes ont été privés de leurs droits fondamentaux au logement et à la propriété.

En 2018, le gouvernement syrien a promulgué la loi n° 10 qui a élargi le controversé décret n° 66 de 2012. Cette loi donne à des millions de réfugiés seulement 30 jours pour revenir et revendiquer leurs droits de propriété dans les zones urbaines (Yahya, 2018). En outre, plusieurs bureaux d'enregistrement des titres de propriété ont été incendiés — principalement à Homs, mais aussi à Membij, Zabadani, Daraya et Al-Qusayr — pour empêcher les propriétaires officiels de réclamer leurs droits. Les déplacés internes et les réfugiés, qui craignent souvent d'être arrêtés par les autorités locales, peuvent ne pas être en mesure d'accéder aux bureaux d'enregistrement locaux pour reconstituer leurs dossiers. La guerre en République du Yémen a conduit à l'accaparement des terres et à des revendications tribales, en particulier dans les provinces d'al-Hudayda (ouest), de Lahij (sud) et de Sa'da (nord). L'absence d'un cadastre transparent et des systèmes contradictoires de tenure foncière compliquent le processus actuel de réconciliation nationale, notamment les dispositions relatives à l'indemnisation et à la restitution des biens (Unruh, 2016). La question des droits fonciers des réfugiés est particulièrement sensible lorsqu'il s'agit de la restitution des biens ou de l'expulsion des seconds occupants. Ces situations nécessitent la formulation de nouvelles dispositions pour les cadres juridiques actuels ou la révision des dispositions existantes non conformes au droit international.

L'histoire montre que des différends fonciers non résolus peuvent être un catalyseur de conflits. Par exemple, en 1950, Israël a promulgué la loi sur les biens des absents (*Absentee Property Law*) et l'a appliquée aux terres de 760 000 Palestiniens qui avaient été expulsés entre décembre 1947 et septembre 1949. Cette loi a conduit à la confiscation de 60 % de ce qui était des terres rurales palestiniennes, soit 3 250 km² de terres agricoles (Benvenisti et Zamir, 1995). En 1973, la loi d'indemnisation des propriétaires absents (*Absentees' Property Compensation Law*) a été promulguée par le gouvernement israélien, accordant la citoyenneté israélienne à des résidents palestiniens, principalement dans la partie est de Jérusalem, qui étaient jusque-là considérés comme absents. Cependant, les sommes offertes en compensation étaient insuffisantes, car basées sur les prix de la terre d'avant 1948 (Benvenisti et Zamir, 1995).

Les réfugiés ne sont pas autorisés à acheter des terres et des propriétés dans plusieurs pays hôtes, ce qui accroît leur vulnérabilité et favorise les pratiques informelles dans les zones urbaines et périurbaines. Par exemple, 450 000 réfugiés palestiniens ont été privés du droit de posséder des propriétés au Liban en vertu de la loi 296 de 2001 (OHCHR, 2021). Ce n'est qu'en 2018 que les réfugiés de Gaza (qui n'étaient pas des citoyens jordaniens) ont été autorisés à acheter des terres ou des propriétés en Jordanie (*Al-Monitor*, 2018 ; *Jordan Times*, 2018), contrairement aux 2,2 millions de réfugiés palestiniens enregistrés à l'Office de secours et de travaux des Nations Unies pour les réfugiés de Palestine dans le Proche-Orient (UNRWA) — qui sont des citoyens jordaniens. En outre, la concurrence pour la terre dans les zones urbaines d'accueil s'intensifie avec l'afflux de réfugiés et de personnes déplacées. En raison de la faiblesse des services d'administration foncière, ce phénomène exacerbe les pratiques informelles et favorise les systèmes parallèles (non officiels) d'enregistrement et de règlement des différends. Au Liban par exemple, les réfugiés palestiniens utilisent des systèmes parallèles pour administrer les transactions foncières dans les camps de réfugiés (World Bank, à paraître).

Les organisations internationales ont défini des lignes directrices pour soutenir la reconnaissance et la protection des droits fonciers ainsi que du droit au logement et à la propriété des réfugiés. En août 2005, l'Organisation des Nations Unies a adopté les Principes Pinheiro concernant la restitution des logements et des biens dans le cas des réfugiés et des personnes déplacées. Ces principes donnent des conseils pratiques aux gouvernements, aux organisations internationales et aux organisations non gouvernementales qui cherchent à rétablir les droits concernant le logement, la terre et les biens après des conflits violents (UNESC, 2005). Ils sont conçus pour faciliter le retour des réfugiés dans leurs foyers en rétablissant le statu quo ante bellum concernant le logement, la terre et les biens (Paglione, 2008). En même temps, les Principes Pinheiro fournissent des orientations utiles sur les normes internationales relatives à la mise en œuvre efficace de programmes et mécanismes de restitution de logements, de terres et de biens. Deux ans plus tard, en 2007, la FAO a publié le Manuel sur la restitution des logements et des biens des réfugiés et personnes déplacées: Pour la mise en œuvre des «Principes Pinheiro» (FAO et al., 2007), qui traite des droits au logement et à la restitution des biens, de l'égalité entre les hommes et les femmes, de l'adéquation du logement, de la protection contre le déplacement et du droit au retour dans la sécurité et la dignité. Ce manuel recommande que les droits de copropriété pour les hommes et les femmes chefs de ménage soient une composante explicite du processus de restitution[25].

ANNEXE 3A : LIENS AVEC LES MILIEUX POLITIQUES ET FACILITÉ D'ACCÈS À LA TERRE EN TUNISIE ET EN ÉGYPTE

Dans le cadre de travaux de recherche menés en vue du présent rapport, Selod et Soumahoro (à paraître) ont utilisé les Enterprise Surveys de la Banque mondiale pour étudier la valeur des appuis politiques dans la facilitation de l'accès des entreprises à la terre en Égypte, au Maroc et en Tunisie. Dans ces pays, les entreprises sont confrontées à des problèmes d'accès à la terre (voir figure 3.3, chapitre 3), mais certaines ont des liens avec les milieux politiques. À cet égard, les trois pays présentent des situations contrastées. Au Maroc et en Tunisie, les entreprises ayant des liens avec les milieux politiques (c'est-à-dire celles dont les dirigeants ont été élus ou nommés à des postes politiques) signalent moins de problèmes d'accès à la terre, alors qu'en Égypte, paradoxalement, ces entreprises en signalent plus (figure 3.3).

Pour expliquer ce paradoxe, les auteurs ont cherché à savoir si la valeur des liens politiques pour l'accès à la terre avait été affaiblie ou perdue avec le changement de régime en Tunisie (en 2011) et en Égypte (en 2013). A cette fin, ils établissent une distinction entre les entreprises créées avant et après le changement de régime dans ces deux pays, puis estiment à l'aide d'une régression la différence d'accès à la terre avant et après le changement de régime pour les entreprises qui n'ont possiblement plus de lien politique avec le nouveau régime (parce qu'elles ont été créées avant le changement de régime) et celles qui sont possiblement liées au nouveau régime (parce qu'elles ont été créées après le changement de régime).

Les résultats de cette estimation en différence de différences (DD) figurent au tableau 3A.1 pour les entreprises égyptiennes et tunisiennes. Les colonnes 1 et 2 présentent la proportion d'entreprises qui font face à des obstacles majeurs ou sérieux pour accéder à la terre respectivement pour les groupes d'entreprises créées avant et après le changement de régime. La colonne 3 compare les moyennes au sein des groupes d'entreprises créées avant et après le changement de régime, en soustrayant les chiffres de la colonne 1 de ceux de la colonne 2, pour les entreprises ayant des liens politiques (groupe de traitement) et sans lien politique (groupe de contrôle). La différence de différences est obtenue en soustrayant la différence intragroupe pour les entreprises sans lien politique (ligne 2, colonne 3) de la différence intragroupe pour les entreprises ayant des liens politiques (ligne 1, colonne 3), ce qui prend en compte le fait que les deux types d'entreprises peuvent différer initialement.

La valeur des liens politiques semble dépendre clairement du contexte dans la région MENA. En Égypte, le cadre de politique générale sous le nouveau régime a contribué à réduire de 20 % la proportion des entreprises ayant des liens politiques qui rencontraient de sérieux obstacles pour accéder à la terre par rapport aux entreprises sans lien politique. C'est ce qui explique peut-être le paradoxe de la figure 3.3 et semble indiquer que les anciens liens politiques n'étaient pas utiles ou sont devenus une entrave pour réduire les obstacles à l'accès au foncier en Égypte. En Tunisie, le pourcentage des entreprises qui rencontrent de sérieux obstacles pour accéder à la terre parmi les entreprises créées juste après le printemps arabe a chuté d'environ 32 % pour les entreprises ayant des liens politiques par rapport aux entreprises sans lien politique. Ensemble, ces résultats indiquent que les avantages tirés des liens politiques sont susceptibles d'être liés à un contexte politique spécifique et peuvent donc être sensibles aux transitions politiques.

Tableau 3A.1 Effets des changements de régime sur les difficultés d'accès à la terre en République arabe d'Égypte et en Tunisie

Pays	(1) Entreprises créées avant le changement de régime	(2) Entreprises créées après le changement de régime	(3) Différence intragroupe [(2) − (1)]
République arabe d'Égypte			
1. Entreprises ayant des liens politiques (groupe de traitement)	0,224	0,077	−0,147* (0,090)
2. Entreprises sans lien politique (groupe de contrôle)	0,098	0,152	0,053*** (0,019)
3. Différence de différences			**−0,201** (0,092)**
Tunisie			
1. Entreprises ayant des liens politiques (groupe de traitement)	0,240	0,050	−0,190* (0,116)
2. Entreprises sans lien politique (groupe de contrôle)	0,380	0,514	0,134** (0,062)
3. Différence de différences			**−0,324** (0,131)**

Source : Base de données Enterprise Surveys de la Banque mondiale, https://www.enterprisesurveys.org/en/enterprisesurveys.
*$p < 0,1$; **$p < 0,05$; ***$p < 0,01$.

NOTES

1. Base de données Enterprise Surveys de la Banque mondiale, https://www.enterprisesurveys.org/en/enterprisesurveys.

2. En Jordanie, on estime que les appartements enregistrés appartenant à des femmes ne représentent que 10,3 % de l'ensemble des appartements (Department of Statistics, Jordan, Population and Housing, 2015 [tableau de bord], http://dosweb.dos.gov.jo/censuses/population_housing/census2015/; Hamilton et al., 2018).

3. Les enquêtes peuvent toutefois ne pas distinguer les biens enregistrés et non enregistrés.

4. Department of Statistics, Jordan, Population and Family Health Survey 2012, https://microdata.worldbank.org/index.php/catalog/1908.

5. L'enquête a été réalisée en juin 2019 dans des zones rurales et urbaines de Cisjordanie et de Gaza auprès d'un échantillon aléatoire de 581 femmes. Elle portait essentiellement sur les questions de succession. Ainsi, les chiffres relatifs à la propriété foncière et résidentielle des mères et des pères *se rapportent au moment de leur décès*. Les taux de possession d'actifs patrimoniaux sont probablement plus élevés aux étapes avancées de la vie.

6. L'enquête utilise le même questionnaire que le projet pilote réalisé en Cisjordanie et de Gaza (avec de légers ajustements). Elle a été réalisée par l'agence de coopération allemande (GIZ) dans des zones rurales en Tunisie en octobre 2020 et porte sur un échantillon de 509 femmes de huit régions.

7. Voir Prindex (tableau de bord), 2020, https://www.prindex.net/.

8. Calculs des auteurs à partir de données Prindex dans 16 pays de la région MENA utilisant des moyennes pondérées en fonction de la population. Prindex (tableau de bord), 2020, https://www.prindex.net/.

9. En Égypte, au Maroc et en Tunisie, il y a une corrélation inverse directe entre la taille de l'exploitation et la participation des femmes à l'activité agricole : plus l'exploitation est grande, moins les femmes y interviennent. À l'inverse, plus l'exploitation est petite, plus les responsabilités des femmes sont importantes.

10. Par exemple, une étude indique qu'en Tunisie, bien que les femmes fournissent 80 % de la main-d'œuvre des exploitations familiales, elles ne sont généralement pas rémunérées (FAO/IFAD, 2007). Une étude antérieure de Christensen, Veillerette et Andricopulos (2007) donne des pourcentages élevés de travailleuses non rémunérées en République du Yémen (79 %), en République arabe syrienne (66 %), en Égypte (60 %) et en Cisjordanie et Gaza (45 %). Il s'agit d'une tendance générale dans la région MENA, où moins d'une femme sur quatre est engagée dans une activité rémunérée, et où le taux de participation des femmes à la main-d'œuvre, qui s'établit à 25,2 %, est le plus faible du monde (World Bank, 2013).

11. Au Maroc, par exemple, deux tiers des femmes des zones rurales et un tiers de celles des zones urbaines sont analphabètes (Haut-Commissariat au plan, 2019). En Égypte, 30,8 % des femmes sont analphabètes contre 21,1 % des hommes (CAPMAS, 2020).

12. En Jordanie, seulement 21 % des femmes chefs de famille reçoivent des prêts pour le développement agricole, et 9 % pour des activités génératrices de revenus. Les taux respectifs pour les hommes chefs de ménage sont de 43 % et 14 % (IFAD, 2013).

13. L'insécurité foncière est le risque de perdre sa terre.

14. Prindex (tableau de bord), 2020, https://www.prindex.net/.

15. La région MENA est suivie par l'Afrique subsaharienne, où il y a un écart de 14 points de pourcentage entre les femmes mariées et les hommes mariés en ce qui concerne la peur de perdre leur propriété en cas de divorce ou de décès du conjoint. À l'échelle mondiale, l'écart n'est que de 5 points de pourcentage (voir figure 11 dans Prindex, 2020).

16. L'héritage dans l'islam est régi par des règles complexes. Pour de plus amples informations sur les interprétations sunnites et chiites des règles de succession, voir COHRE (2006), Ghamari-Tabrizi (2013) et Hanna (2020).

17. La chari'a a été appliquée à l'héritage en Égypte jusqu'en 2019. Toutefois, en novembre de cette année-là, après l'intense activisme juridique de l'avocate chrétienne Huda Nasrallah, la Cour d'appel du Caire a, dans un jugement définitif sans précédent, confirmé que les femmes coptes avaient les mêmes droits à l'héritage que les hommes. Ce jugement était fondé sur l'article 245 du règlement portant statut personnel des Orthodoxes adopté en 1938, qui accordait aux femmes chrétiennes coptes des droits de succession égaux à ceux des hommes, mais n'avait pas été promulgué (Sidhom, 2019).

18. L'indicateur Actifs de WBL mesure la capacité des femmes à gérer des actifs en vérifiant si la loi prévoit les dispositions suivantes : 1) égalité des droits de propriété sur les biens immobiliers ; 2) égalité des droits successoraux pour les fils et les filles ; 3) égalité des droits successoraux pour les époux ; 4) autorité administrative égale sur les biens pendant le mariage ; et 5) évaluation des contributions non monétaires. Les autres indicateurs sont le droit de se déplacer, de commencer un emploi, de se faire rémunérer, de se marier, d'avoir des enfants, de gérer une entreprise et de bénéficier d'une pension (World Bank, 2020).

19. Environ 2 % seulement des femmes remplissant les conditions requises pour recevoir des terres ont indiqué avoir légalement renoncé à leur part. Bien que ces résultats soient basés sur un petit sous-échantillon (55) de femmes confrontées à une situation d'héritage, ils sont néanmoins révélateurs des sérieuses difficultés rencontrées par les femmes pour accéder à la terre.

20. Les femmes palestiniennes sont six fois moins susceptibles que les hommes d'avoir recours aux tribunaux civils, et plus d'un quart des femmes interrogées ont déclaré que les traditions et les normes sociales les empêcheraient de régler les différends devant les tribunaux (UNDP, 2017).

21. Et pour éviter les taxes de morcellement (*ifraz*).

22. Le morcellement des terres est très rare dans la région MENA. Au Maroc, par exemple, 45 % des terres privées (*mulk*) ne sont pas morcelées (FAO, 2006). Partout, cette tendance est exacerbée par les coûts élevés d'enregistrement et de morcellement des propriétés.

23. Le Programme des Nations Unies pour les établissements humains (ONU-Habitat) et le Haut-Commissariat aux droits de l'homme soutiennent les droits de propriété et la sécurité de la tenure en s'appuyant sur le cadre pour le droit à un logement convenable.

24. Le conflit syrien a conduit à une situation où 6,5 millions de personnes sont déplacées à l'intérieur du pays et 5,6 millions de réfugiés recensés — et probablement beaucoup plus de réfugiés non-recensés — sont accueillis dans des pays voisins. La violence sectaire en Iraq contre les populations kurdes et chiites entre 2006 et 2008 a entraîné le déplacement de 2,7 millions d'Iraqiens à l'intérieur de leur pays, tandis que 1,7 million se sont réfugiés à l'étranger. De janvier 2014 à octobre 2017, le régime de l'État islamique a chassé 3 millions de réfugiés de Mossoul.

25. Conformément aux recommandations de la Convention sur l'élimination de toutes les formes de discrimination à l'égard des femmes (CEDEF), le bureau de Gaza de l'UNRWA a décidé d'introduire des titres de propriété partagés pour les résidents dont les logements ont été détruits en 2014. Le programme de réhabilitation des camps a soutenu des projets de relogement équitables et, en 2015, une politique de cosignature a été introduite pour requérir des chefs de famille et de leur(s) conjoint(s) une signature jointe pour leur engagement. L'objectif est de permettre aux femmes et aux hommes d'avoir des droits de propriété égaux et un accès égal au logement (UNRWA, 2017).

RÉFÉRENCES BIBLIOGRAPHIQUES

Ababsa, M. 2017. «The Exclusion of Women from Property in Jordan: Inheritance Rights and Practices». *Hawwa* 15: 1–2, 107–28.

Al-Monitor. 2018. «Jordan Moves to Improve Lives of Gazan Refugees.» December 11, 2018. https://www.al-monitor.com/originals/2018/12/jordan-gaza-refugees-palestinian-settlement.html.

Arab Barometer. 2020. « Women's Agency and Economic Mobility in MENA: Examining Patterns and Implications. » February 13. https://www.arabbarometer.org/wp-content/uploads/Public_Opinion_Arab_Women_Economic_Conditions_Presentation_2020.pdf.

Benvenisti, E., and E. Zamir. 1995. « Private Claims to Property Rights in the Future Israeli-Palestinian Settlement. » *American Journal of International Law* 89 (2): 295–340.

Campos, A., N. Warring, C. Brunelli, C. Doss, and C. Kieran. 2015. « Gender and Land Statistics: Recent Developments in FAO's Gender and Land Rights Database. » Rome : Food and Agriculture Organization. http://www.fao.org/3/a-i4862e.pdf.

CAPMAS (Central Agency for Public Mobilization and Statistics). 2020. *Statistical Yearbook 2020*. Issue 111. Cairo: CAPMAS.

Christensen, I., B. Veillerette, and S. Andricopulos. 2007. « The Status of Rural Poverty in the Near East and North Africa. » Food and Agriculture Organization and International Fund for Agricultural Development, Rome.

COHRE (Centre on Housing Rights and Evictions). 2006. « In Search of Equality: A Survey of Law and Practice Related to Women's Inheritance Rights in the Middle East and North Africa (MENA) Region. » COHRE, Geneva.

ECWR (Egyptian Center for Women's Rights). 2017. « ECWR Welcomes the Amendment of the Inheritance Law. » ECWR, Cairo. http://ecwronline.org/?p=7509.

FAO (Food and Agriculture Organization). 2006. «Rapport national du Royaume du Maroc.» Conférence internationale sur la réforme agraire et le développement rural (ICARRD), Porto Alegre, Brasil.

FAO (Food and Agriculture Organization)/IFAD (International Fund for Agricultural Development). 2007. *The Status of Rural Poverty in the Near East and North Africa*. Rome : FAO.

FAO (Organisation pour l'alimentation et l'agriculture), NRC (Conseil norvégien sur les réfugiés), OCHA (Bureau de la coordination des affaires humanitaires), UN-Habitat et HCR (Haut-Commissariat des Nations Unies pour les réfugiés). 2007. Manuel sur la restitution des logements et des biens des réfugiés et personnes déplacées — Pour la mise en œuvre des « Principes Pinheiro ». https://www.ohchr.org/sites/default/files /Documents/Publications/pinheiro_principles_fr.pdf.

Ghamari-Tabrizi, B. 2013. « Women's Rights, Shari'a Law, and the Secularization of Islam in Iran ». *International Journal of Politics, Culture, and Society* 26: 237–53.

GIZ (Deutsche Gesellschaft für Internationale Zusammenarbeit). 2021. « Enquête des droits fonciers agricoles des femmes en Tunisie pour le projet Protection et réhabilitation de sols dégradées en Tunisie (ProSol) ». Rapport de mission préparé par BJKA Consulting, Ariana, Tunisie.

Hamilton, E., V. Mints, J. L. Acero Vergel, M. Ababsa, W. Tammaa, Y. Xiao, A. Molfetas-Lygkiaris, and J. R. Wille. 2018. *Jordan–Housing Sector Assessment–Housing Sector Review*. Washington, DC : World Bank.

Hanna, A. 2020. « The Iran Primer: Part 3 : Iranian Laws on Women. » United States Institute of Peace, Washington, DC. https://iranprimer.usip.org/blog/2020/dec/08/part-3-iranian-laws-women.

Haut Commissariat au Plan. 2019. «La femme marocaine en chiffres : évolution des caractéristiques démographiques et socioprofessionnelles. » http://www.hcp.ma.

IFAD (International Fund for Agricultural Development). 2013. «Enabling the Rural Poor to Overcome Poverty in Jordan.» IFAD, Rome.

Jansen, W. 1993. «Creating Identities: Gender, Religion and Women's Property in Jordan.» In *Who's Afraid of Femininity? Questions of Identity*, edited by M. Brugman, S. Heebing, and D. Long, 157–67. Amsterdam : Rodopi.

JNCW (Jordanian National Commission for Women). 2010. « Jordan's Fifth National Periodic Report to the CEDAW Committee—Summary. » JNCW, Amman.

Jordan Times. 2018. « Gov't Adopts New Resolutions for Gazans with Temporary Passports. » December 4, 2018. http://jordantimes.com/news/local/govt-adopts-new-resolutions-gazans-temporary-passports.

Lawry, S., C. Samii, R. Hall, A. Leopold, D. Hornby, and F. Mtero. 2017. « The Impact of Land Property Rights Interventions on Investment and Agricultural Productivity in Developing Countries: A Systematic Review. » *Journal of Development Effectiveness* 9 (1): 61–81.

Meinzen-Dick, R., A. Quisumbing, C. Doss, and S. Theis. 2019. « Women's Land Rights as a Pathway to Poverty Reduction: Framework and Review of Available Evidence. » *Agricultural Systems* 172: 72–82.

Ministry of Health and Population (Egypt), El-Zanaty and Associates (Egypt), and ICF International. 2015. *Egypt Demographic and Health Survey 2014*. Cairo: Ministry of Health and Population and ICF International. http://dhsprogram.com/pubs/pdf/FR302/FR302.pdf.

Naffa, L., F. Al Dabbas, A. Jabiri, and N. Al Emam. 2007. « Shadow NGO Report to CEDAW Committee Jordan: Evaluation of National Policy, Measures and Actual Facts on Violence Against Women. » Karama Network of Jordan. http://www.el-karama.org/wp-content/uploads/2013/04/Final_JOR_NGOs_Shadow_Rept.pdf.

Najjar, D., B. Baruah, and A. El Garhi. 2020. « Gender and Asset Ownership in the Old and New Lands of Egypt. » *Feminist Economics* 26 (3): 11943.

NRC (Norwegian Refugee Council). 2011. « The Shari'a Courts and Personal Status Laws in the Gaza Strip. » NRC, Oslo.

NRC (Norwegian Refugee Council). 2017. « Displacement, HLP and Access to Civil Documentation in the South of the Syrian Arab Republic. » NRC, Oslo.

OHCHR (Office of the High Commissioner for Human Rights). 2021. « Universal Periodic Review 2020: Palestinian Refugees Rights in Lebanon. » UPR 37. United Nations Human Rights Council, Geneva.

Paglione, G. 2008. « Individual Property Restitution: From Deng to Pinheiro—and the Challenges Ahead. » *International Journal of Refugee Law* 20 (3): 392–93.

Prettitore, P. 2013a. « Gender and Justice in Jordan: Women, Demand and Access. » MENA Knowledge and Learning Quick Notes Series, No. 107, World Bank, Washington, DC.

Prettitore, P. 2013b. « Justice Sector Services and the Poor in Jordan: Determining Needs and Priorities. » MENA Knowledge and Learning Quick Notes Series, No. 96, World Bank, Washington, DC.

Prindex. 2020. *Women's Perception of Tenure Security: Evidence from 140 Countries.* London : Prindex. https://www.prindex.net/reports/womens-perceptions-tenure-security-evidence-140-countries/.

Selod, H., and S. Soumahoro. À paraître. « The Arab Spring and the Politically 'Unlocked' Land. » Background paper prepared for this report, World Bank, Washington, DC.

Sidhom, Y. 2019. « Court Ruling: Equal Inheritance for Men and Women. » *Watani International.* http://en.wataninet.com/opinion/editorial/court-ruling-equal-inheritance-for-men-andwomen/29392/.

UNDP (United Nations Development Programme). 2017. *Public Perceptions of Palestinian Justice and Security Institutions in 2015.* 3rd ed. Programme of Assistance to the Palestinian People, UNDP, Jerusalem. https://www.ps.undp.org/content/papp/en/home/library/democratic_governance/public-perceptions-of-palestinian-justice-and-security-instituti0.html.

UNDP (United Nations Development Programme). 2018. *2018 Statistical Update: Human Development Indices and Indicators.* New York : UNDP. https://hdr.undp.org/en/content/human-development-indices-indicators-2018-statistical-update.

UNESC (United Nations Economic and Social Council). 2005. *Housing and Property Restitution in the Context of the Return of Refugees and Internally Displaced Persons: Final Report of the Special Rapporteur, Paulo Sérgio Pinheiro.* https://www.unhcr.org/uk/protection/idps/50f94d849/principles-housing-property-restitution-refugees-displaced-persons-pinheiro.html.

Unruh, J. D. 2016. « Mass Claims in Land and Property Following the Arab Spring: Lessons from Yemen. » *Stability: International Journal of Security and Development* 5 (1): 6.

UNRWA (United Nations Relief and Works Agency for Palestine Refugees in the Near East). 2017. *Integrating Gender, Improving Services, Impacting Lives: Gender Equality Strategy 2016–2021.* Amman, Jordan, and Gaza, Palestinian Authority: UNRWA.

USAID (US Agency for International Development). 2016. « Fact Sheet: Land Tenure and Women's Empowerment. » https://www.land-links.org/wp-content/uploads/2016/11/USAID_Land_Tenure_Women_Land_Rights_Fact_Sheet.pdf.

Vignal, L. 2019. « Locating Dispossession and HLP Rights in the War in Syria. » In *Reclaiming Home: The Struggle for Socially Just Housing, Land and Property Rights in Syria, Iraq and Libya,* edited by H. Baumann, 18–31. Washington, DC : Friedrich-Ebert-Stiftung Foundation.

WCLAC (Women's Centre for Legal Aid and Counselling). 2014. « Palestinian Women and Inheritance. » http://www.wclac.org/english/userfiles/Translated%20Inheritance%20Study%20English.pdf.

World Bank. 2011. *World Development Report 2012: Gender Equality and Development.* Washington, DC: World Bank.

World Bank. 2013. *Opening Doors: Gender Equality and Development in the Middle East and North Africa.* Washington, DC: World Bank.

World Bank. 2019. « Gender and Land Survey: West Bank and Gaza. » Rapport inédit. World Bank, Washington, DC.

World Bank. 2020. *Women, Business and the Law 2020.* Washington, DC: World Bank.

World Bank. À paraître. *Land, Conflict, and Inclusion.* Washington, DC : World Bank.

Yahya, M. 2018. *The Politics of Dispossession.* Beirut: The Malcolm H. Kerr Carnegie Middle East Center.

CHAPITRE 4

Distorsions de marché et inefficacités dans l'utilisation des terres dans la région MENA

INTRODUCTION

Les problèmes d'accès aux terres et de leur utilisation décrits dans le chapitre précédent sont susceptibles d'avoir de sérieuses répercussions sur les économies de la région MENA. Le présent chapitre examine les voies par lesquelles des distorsions peuvent apparaître ainsi que les conséquences économiques de ces dernières. Il fait en outre une analyse empirique de deux exemples de politiques visant à faciliter l'accès à la terre et aboutir à une utilisation plus efficace du sol : les zones industrielles en République arabe d'Égypte et l'impôt sur les terrains vacants en Arabie saoudite.

CADRE CONCEPTUEL ÉLARGI

La notion clé qui sous-tend l'étude décrite dans le présent rapport est qu'en raison de contraintes physiques et institutionnelles et, dans une certaine mesure, de politiques mal inspirées ou mal conçues, les terres sont utilisées de manière inefficace (ou sont mal affectées) dans les pays de la région MENA. Le cadre conceptuel décrit dans la présente section — qui est une extension de celui présenté à la figure I.1 dans l'introduction du rapport — montre les voies par lesquelles peuvent apparaître des inefficacités dans l'utilisation des terres dans la région et décrit leurs possibles conséquences économiques, environnementales et sociales.

La figure 4.1 présente en détail les principales voies par lesquelles la rareté des terres et les contraintes institutionnelles (ainsi que leurs interactions avec les politiques) peuvent introduire des distorsions dans l'économie et conduire à une utilisation sous-optimale des terres, ce qui entraîne des coûts économiques, environnementaux et sociaux. Comme le montre la figure, ces distorsions peuvent résulter d'un prix de la terre ne correspondant pas au prix du marché et d'autres facteurs, tels que le coût élevé des transactions foncières, l'insécurité foncière ou les contraintes de crédit. Par exemple, les contraintes institutionnelles qui entravent l'accès au crédit peuvent entraîner un sous-investissement dans le foncier et une faible production agricole, et limiter ainsi la création d'emplois. En revanche, des subventions pour les intrants agricoles peuvent encourager l'utilisation des terres pour l'agriculture et répondre aux objectifs de promotion de l'autosuffisance alimentaire et de création d'emplois. Toutefois, ces résultats peuvent être obtenus en contrepartie d'une pollution accrue et de l'épuisement des ressources en eau, de la dégradation des terres et d'une baisse de la capacité à affronter les défis climatiques futurs.

Une mauvaise allocation des terres peut nuire à la production, à la durabilité environnementale et à l'inclusion. Elle peut être préjudiciable à la production lorsque les terres sont utilisées de manière disproportionnée par des entreprises et des secteurs non productifs au détriment d'entreprises et de secteurs plus productifs. En termes économiques, cette utilisation non optimale de la terre conduit alors à une production inférieure à celle qui aurait été possible autrement, c'est-à-dire que la production est obtenue de manière inefficace,

Figure 4.1 Cadre conceptuel de la mauvaise allocation des terres dans la région MENA

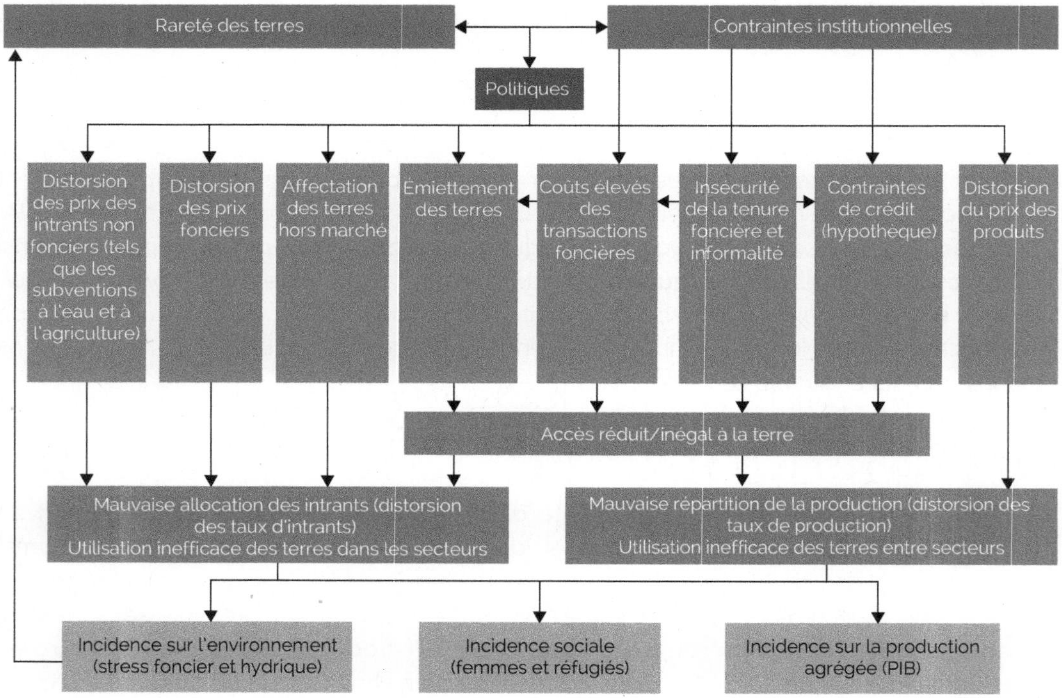

Source : Banque mondiale.

l'investissement n'est pas optimal car le jeu des incitations est faussé, ou des entreprises et des secteurs inefficaces sont maintenus à flot de manière artificielle[1]. Plus généralement, la mauvaise allocation des terres peut être définie en termes de durabilité lorsque des externalités nocives pour l'environnement remettent en question l'optimalité de l'utilisation actuelle des terres. Certaines des principales conséquences de la mauvaise utilisation des terres dans la région MENA, que ce soit dans les zones résidentielles, industrielles ou agricoles, sont le stress hydrique et l'épuisement des ressources en eau. Enfin, la mauvaise allocation des terres peut aussi avoir des conséquences sociales lorsque l'accès limité à la terre des groupes vulnérables et des femmes entrave leurs opportunités économiques et exacerbe la pauvreté.

La mauvaise allocation des terres peut s'expliquer par les obstacles physiques et les défis institutionnels auxquels sont confrontées les économies de la région, ainsi que par leurs choix de politique. L'implantation d'activités humaines dans des zones inondables, par exemple, peut être considérée comme une mauvaise utilisation des terres. Dans de nombreux cas, la mauvaise allocation des terres peut également s'expliquer par des contraintes institutionnelles ou réglementaires. On peut citer comme exemple les lois et réglementations (telles que le plafonnement des coefficients d'occupation des sols en Tunisie ou les prescriptions de superficie minimale des parcelles en Jordanie) qui contribuent à l'étalement des villes, des droits de propriété ambigus qui découragent l'investissement foncier, ou des procédures d'allocation des terrains en dehors du marché qui, associés à des coûts de transaction élevés, empêchent une utilisation plus efficace de la terre. La mauvaise allocation peut également s'expliquer par des politiques économiques comme les subventions à l'agriculture et à l'eau, lesquelles conduisent à une utilisation excessive de terres pour l'agriculture.

L'émiettement des terres peut également être une forme de mauvaise allocation si elle est associée à une productivité plus faible (ce qui est probable si les rendements d'échelle dans l'agriculture font que les grandes exploitations sont plus productives). Même s'il n'y a toujours aucune analyse approfondie de la mauvaise allocation des terres agricoles pour la région, on a des raisons de croire que l'émiettement des terres pourrait poser problème, en particulier dans les pays du Maghreb et en Égypte où le pourcentage de petites exploitations est le plus élevé de la région (voir la répartition des terres agricoles dans 11 pays MENA à la figure 4A.1 de l'annexe 4A). Malheureusement, la question de la mauvaise allocation des terres, thématique nouvelle en économie, n'a guère été étudiée dans le contexte des pays de cette région.

DISTORSIONS FONCIÈRES DANS LES ÉCONOMIES DE LA RÉGION MENA

À la lumière du cadre exposé ci-dessus, la présente section analyse de manière plus détaillée quelques exemples de distorsions qui affectent le secteur foncier ou qui résultent de faiblesses de l'administration foncière et de la gestion des terres dans la région MENA.

Les marchés du crédit et des prêts hypothécaires sont limités dans cette région, probablement en grande partie en raison des faibles niveaux d'enregistrement de la propriété foncière. Ce problème est particulièrement sérieux en Algérie, en Égypte et en Jordanie. Comme on peut le voir sur la figure 4.2, la taille des marchés hypothécaires en pourcentage du PIB est inférieure à 2 % dans ces pays, contre 22 % au Koweït et 27 % en Israël[2]. Parmi les contraintes qui empêchent le développement de ces marchés, on note les faibles niveaux d'enregistrement de la propriété foncière et l'impossibilité d'utiliser des terres non enregistrées comme garantie, ce qui limite l'accès des entreprises et des ménages au financement des investissements. La figure 4.3 illustre ce point en représentant le taux de pénétration des

Figure 4.2 Prêts hypothécaires dans la région MENA en 2015

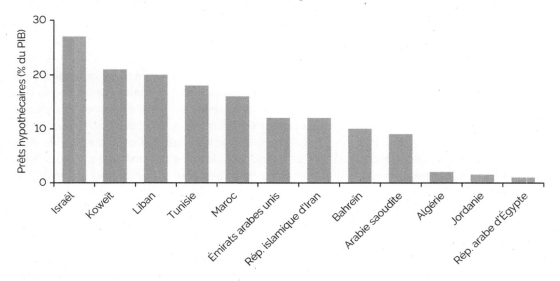

Sources : Banques centrales; Wharton School of the University of Pennsylvania, Société financière internationale, et Entrepreneurial Development Bank (FMO), Housing Finance Information Network (HOFINET) (tableau de bord), http://www.hofinet.org.
Note : Les données des Émirats arabes unis et de l'Algérie se rapportent à des années antérieures.

Figure 4.3 Taux de pénétration des prêts immobiliers et couverture des registres fonciers dans la région MENA et le reste du monde

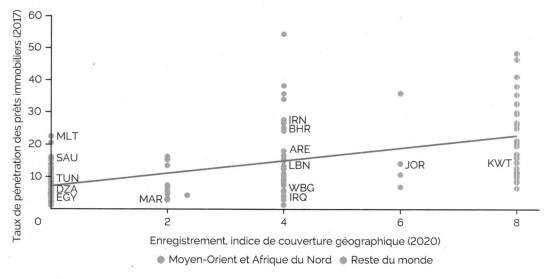

Sources : Banque mondiale, Global Findex Database 2017 (tableau de bord), https://globalfindex.worldbank.org/; Base de données *Doing Business* 2004–2020 de la Banque mondiale, https://archive.doingbusiness.org/en/doingbusiness.
Note : Voir la figure 1.4 pour les codes pays.

prêts immobiliers (défini comme le pourcentage d'adultes ayant un prêt en cours pour l'achat d'un logement) en fonction de l'indice de couverture géographique du *Doing Business* (voir encadré 2.4, chapitre 2). Elle montre une relation positive entre la couverture des registres fonciers et l'utilisation du financement immobilier. De très importantes opportunités ont probablement été perdues pour cause d'accès limité au financement du fait de la faiblesse de l'enregistrement foncier. Par exemple, une étude de 2018 effectuée en Cisjordanie révèle que la valeur de garantie potentielle des terres non enregistrées serait comprise entre 7 milliards et 35 milliards de dollars (pour un PIB de 16 milliards de dollars à l'époque).

L'accès aux marchés financiers et aux capitaux internationaux est également restreint à cause des difficultés que peuvent rencontrer les étrangers pour accéder au foncier ou posséder des terres dans les pays de la région. Au Maroc, la complexité du cadre juridique relatif à l'accès à certaines terres (coutumières, notamment) limite l'investissement étranger dans des secteurs économiques tels que l'agriculture. En République du Yémen, avant les troubles politiques et les conflits qui ont suivi le printemps arabe, des incohérences dans la gouvernance foncière et le cadre juridique du pays entravaient également l'accès des étrangers à la terre et aux investissements. S'ajoutant au problème de chevauchement entre les catégories islamiques et coutumières de tenure foncière, une loi yéménite autorisait les étrangers à détenir jusqu'à 100 % d'une propriété foncière, tandis qu'une autre n'autorisait que jusqu'à 49 % de la propriété, sans qu'aucune loi n'annule l'autre (USAID, 2010). L'incompatibilité de ces lois, ajoutée à la confusion concernant le régime foncier — le cadre juridique officiel de la République du Yémen, la loi islamique ou le droit coutumier — qui doit être considéré comme la source de légitimité pour l'application des droits de propriété dans différentes parties du pays, a été un obstacle majeur à l'accès des étrangers à la terre et à l'investissement.

Les terrains vacants (dans les pays du Golfe) ou les unités résidentielles vacantes (en Égypte, en Jordanie et au Liban) dans des zones urbaines prisées sont des sources d'utilisation inefficace des terres urbaines dans la région MENA. Les terrains peuvent être vacants pour de nombreuses raisons, allant des obstacles à l'aménagement immobilier formel aux comportements spéculatifs de certains propriétaires terriens qui trouvent préférable de laisser des propriétés inoccupées. Le phénomène des unités résidentielles vacantes est plus surprenant, mais néanmoins très répandu dans certaines villes. En Égypte, ces unités vacantes se trouvent dans les nouvelles villes construites par le gouvernement dans le désert, en dehors des vieilles métropoles surpeuplées. Elles servent avant tout à attirer l'épargne des classes supérieure et moyenne (en l'absence d'autres opportunités d'épargne et en prévision du fait que ces localités deviendront plus attrayantes), mais les emplois n'ont pas été massivement délocalisés vers les nouvelles villes et restent largement concentrés dans les vieilles villes. On estime que près d'une unité sur quatre est vacante à Amman, en Jordanie. Au Liban, 23 % des logements construits entre 1996 et 2018 sont inoccupés et un appartement haut de gamme sur deux est vacant. Des logements peuvent être vacants pour plusieurs raisons. Au Liban, le fait que les logements inoccupés soient exonérés de l'impôt foncier incite les propriétaires à les garder vides, en espérant des plus-values sur investissement, plutôt que de rechercher des revenus locatifs[3].

Les obstacles à l'enregistrement de la propriété foncière et les coûts d'accès aux logements du secteur immobilier formel favorisent l'occupation informelle et les bidonvilles. Ces derniers sont fréquents dans la région MENA. On estime que plus de 24 % de la population urbaine de la région vivent dans des bidonvilles, et la proportion de la population des villes qui est logée de manière informelle — une catégorie plus large que celle des bidonvilles — est probablement beaucoup plus élevée[4]. Bien que les causes probables du logement informel varient, un facteur important tient aux problèmes d'administration et de gouvernance foncières qui empêchent l'attribution et l'actualisation des droits de propriété à la suite de transactions foncières. La figure 4.4 représente le pourcentage de la population urbaine vivant dans les bidonvilles en fonction du coût d'enregistrement des propriétés (exprimé en pourcentage de la valeur de la propriété). La relation positive claire entre ces deux paramètres donne à penser que les obstacles à l'enregistrement (y compris les obstacles financiers) sont un déterminant potentiel important du logement informel.

La prolifération des bidonvilles s'explique également par les insuffisances de l'aménagement urbain et l'incapacité des administrations centrales et locales à mettre des terres à disposition pour l'aménagement formel. Compte tenu des restrictions à l'offre de terrains formels, la construction de logements formels reste limitée, ce qui renchérit le prix de ces derniers et les met hors de la portée des pauvres, et même des classes moyennes. En Iraq, on estime par exemple que la construction de logements formels n'a permis de couvrir que 10 à 14 % des besoins immobiliers annuels au cours de la dernière décennie. Dans tous les pays, les groupes à faible revenu ont du mal à acquérir des terrains et des logements formels. Les logements sociaux constituent une priorité dans les pays MENA, mais les programmes existants ont souvent une portée limitée.

Les marchés informels remplissent certes une fonction sociale en permettant aux pauvres de se loger, mais ils sont également caractérisés par l'insécurité foncière et les conflits qui en résultent, la cherté des services, la mauvaise qualité de l'habitat et d'autres externalités négatives sur l'environnement. Les logements informels soustraient des pans entiers des villes du marché foncier formel et de l'assiette fiscale. Leur expansion en périphérie des villes contribue également à la dégradation des terres agricoles et à la conversion informelle des terres en dehors des plans d'urbanisme.

Figure 4.4 Bidonvilles et coût d'enregistrement des propriétés dans la région MENA et le reste du monde

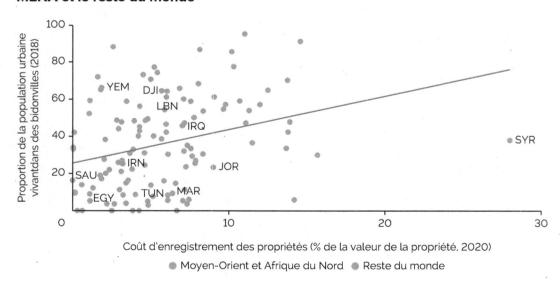

Coût d'enregistrement des propriétés (% de la valeur de la propriété, 2020)

● Moyen-Orient et Afrique du Nord   ● Reste du monde

Sources : Programme des Nations Unies pour les établissements humains (ONU-Habitat), accessible sur la page des Données de la Banque mondiale à https://data.worldbank.org/indicator/en.pop.slum.ur.zs ; Base de données *Doing Business* 2004–2020 de la Banque mondiale, https://archive.doingbusiness.org/en/doingbusiness.
Note : Voir la figure 1.4 pour les codes de pays.

POLITIQUES

Zones industrielles (Égypte)

La création de zones industrielles dans la région MENA a facilité l'accès des entreprises à la terre. Dans cette région comme dans bien d'autres à travers le monde, on s'emploie à mettre en place des politiques visant à établir des zones géographiques qui doivent permettre d'attirer des investissements et de créer des emplois, parfois assorties d'incitations fiscales. Dans le monde en développement, en plus de faciliter la concentration ou le regroupement des activités, une motivation sous-jacente importante de l'établissement de telles zones est de permettre la mise en commun et la viabilisation des terrains nécessaires aux activités manufacturières[5]. L'Égypte est probablement le pays ayant le plus grand programme de zones industrielles dans la région MENA. Toutefois, depuis leur lancement dans les années 1970, elles ont connu un succès mitigé, car certaines d'entre elles ont eu du mal à attirer des investissements (World Bank, 2006, 2009). Il ressort de la figure 4.5, qui s'appuie sur une base de données géoréférencées des zones industrielles égyptiennes élaborée pour le présent rapport par Corsi et al. (à paraître) que les zones industrielles égyptiennes sont établies de plus en plus loin des villes. L'analyse de ces données montre qu'une dizaine de ces zones, parmi celles créées depuis le milieu des années 1990, sont situées à plus de 100 kilomètres (et parfois plus de 200 kilomètres) de villes de 200 000 habitants ou plus. Ce constat illustre probablement le fait que le gouvernement égyptien a tendance à implanter les zones industrielles sur des terres désertiques qu'il possède et qu'il peut plus facilement convertir à un usage industriel, évitant ainsi d'interminables conflits autour de la propriété foncière et l'utilisation des terres. Elle illustre également une tendance croissante à établir les zones industrielles dans des régions plus reculées, peut-être pour créer des emplois dans les localités peu développées, après avoir accordé la priorité à des zones plus peuplées au cours des décennies précédentes.

Figure 4.5 Distance des zones industrielles égyptiennes des villes de plus de 200 000 habitants et année de leur création, 1927–2020

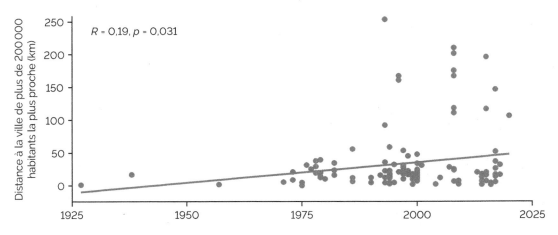

Source : Calculs des auteurs basés sur Corsi et al. (à paraître).
Note : Le graphique représente la distance des zones industrielles de la ville de plus de 200 000 habitants la plus proche en fonction de leur année d'établissement.

Toutefois, la plupart des zones industrielles ne sont que partiellement occupées, le taux d'utilisation (pourcentage de terres occupées dans une zone par des entreprises) étant plus élevé pour les zones plus proches des villes. Comme le montre la figure 4.6, le taux d'utilisation des terres est d'environ 56 % dans les zones industrielles situées à moins de 50 kilomètres d'une ville de plus de 200 000 habitants, alors qu'il est inférieur à 10 % pour les zones industrielles situées à plus de 150 kilomètres d'une telle ville. La figure 4.6 montre également qu'il faut beaucoup de temps pour que les zones industrielles attirent des entreprises et qu'il est rare que les zones réservées à celles-ci soient entièrement occupées. Le taux d'occupation des zones industrielles créées depuis moins de 10 ans est d'environ 22 % en moyenne, contre 86 % pour celles créées depuis plus de 30 ans. En fait, même les zones industrielles établies de longue date peuvent n'être que partiellement occupées lorsqu'elles sont éloignées des villes. On voit par exemple sur la figure 4.6 qu'une zone industrielle établie il y a 25 ans à environ 175 kilomètres d'une ville de plus de 200 000 habitants n'est à ce jour qu'à moitié occupée. Ces observations sont confirmées par l'analyse effectuée pour le présent rapport, qui révèle que le lieu et la date d'établissement sont des prédicteurs statistiques du taux d'utilisation d'une zone industrielle. Le principal enseignement de cette évaluation est peut-être que le regroupement de la main-d'œuvre dont ces pôles d'entreprises ont besoin n'est tout simplement pas réalisable lorsque ces zones sont géographiquement éloignées des villes et des marchés.

Figure 4.6 Taux d'utilisation des zones industrielles égyptiennes en fonction de la distance aux villes de plus de 200 000 habitants et du temps écoulé depuis leur création

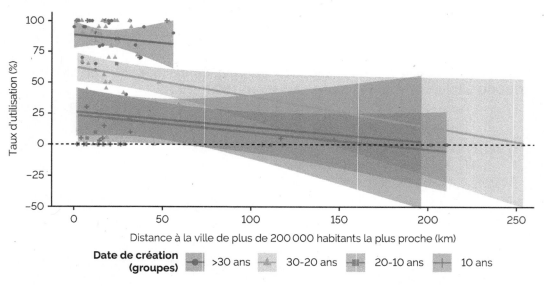

Source : Calculs des auteurs basés sur Corsi et al. (à paraître).
Notes : Le graphique représente le taux d'utilisation des zones industrielles (défini comme le pourcentage des terres occupées par des entreprises dans une zone industrielle) en fonction de la distance à la ville de plus de 200 000 habitants la plus proche. Ces zones sont regroupées en fonction du nombre d'années écoulées depuis leur création. Un ajustement linéaire et un intervalle de confiance de 95 % sont représentés pour chaque groupe. Km=kilomètres.

Impôt sur les terrains vacants (Arabie saoudite)

L'introduction d'un impôt sur les terrains vacants en 2016 en Arabie saoudite visait à accroître l'offre de terres dans les grandes villes, rendre les logements plus abordables et décourager les comportements monopolistiques en milieu urbain. La prévalence de terrains vacants (appelés « terres blanches ») dans les villes saoudiennes a longtemps fait débat, en particulier compte tenu de la demande croissante de terres en zones urbaines, tirée en partie par une croissance soutenue de la population des villes (1,7 % par an depuis 2000). En 2010, une étude influente sur le logement à Riyad estimait que 77 % des terres de la ville étaient inutilisées, ce qui a entraîné un vif débat dans la presse populaire et des appels à l'action gouvernementale. La réponse de l'Arabie saoudite a été annoncée en 2013 dans un projet de loi de l'assemblée consultative (Conseil de la Choura) proposant un impôt foncier sur les terrains vacants. Entré en vigueur en 2016, cet impôt est appliqué dans quatre grandes villes (Riyad, Djeddah, Dammam et Khobar). D'un taux de 2,5 %, il était prélevé sur les terrains inutilisés d'au moins 10 000 mètres carrés. Vers la fin de 2020, une deuxième phase de la politique a été annoncée, élargissant les critères d'application de cet impôt aux terrains inutilisés de 10 000 mètres carrés, indépendamment du nombre de propriétaires du terrain concerné, ainsi qu'aux parcelles appartenant au même propriétaire dont les superficies, une fois regroupées, font au total 10 000 mètres carrés ou plus[6].

La superficie totale des terrains vendus et le nombre de transactions ont sensiblement augmenté dans les villes ciblées pendant la phase de préparation de la politique d'imposition des terrains vacants à la fois pour les zones commerciales et résidentielles. La figure 4.7 montre les superficies totales des terrains commerciaux (graphique a) et des terrains

Figure 4.7 **Superficies totales des terrains vendus avant et après la mise en œuvre de l'impôt sur les terrains vacants dans quatre villes en Arabie saoudite**

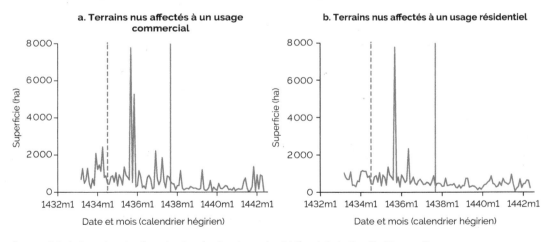

Source : Calculs des auteurs basés sur les données fournies par le ministère de la Justice d'Arabie saoudite.
Note : La verticale en pointillé indique la date d'introduction de la politique d'imposition en 2013 (1434 de l'Hégire). La verticale en continu indique la date de mise en œuvre de la politique en 2016 (1437 de l'Hégire). ha : hectare.

résidentiels (graphique b) qui ont été vendus chaque mois dans les quatre villes ciblées après l'annonce de la politique en 2013 (verticale en pointillé). Comme cela pouvait être anticipé, elle montre clairement que beaucoup de terrains ont été vendus avant la mise en œuvre de la politique en 2016 (verticale en continu), ce qui n'a pas été le cas dans les villes non ciblées (non représentées sur la figure). On trouvera une analyse plus détaillée dans le travail effectué pour le présent rapport qui étudie l'effet causal de la politique sur les ventes de terrains au cours du temps en comparant les ventes mensuelles dans les villes ciblées et les villes non ciblées (Alkhowaiter, Selod et Soumahoro, à paraître). Les résultats préliminaires de l'étude confirment un important effet causal en prévision de l'introduction de cet impôt (comme le suggère la figure 4.7) et une augmentation supplémentaire des ventes de terrains à la suite de l'annonce et de la mise en œuvre des critères élargis d'imposition fin 2020 (phase deux). L'effet de la phase deux concerne principalement de petites parcelles, ce qui suggère que les grands propriétaires ont morcelé leurs parcelles avant de les vendre sur le marché.

ANNEXE 4A : RÉPARTITION DES TERRES AGRICOLES

La figure 4A.1 représente les courbes de Lorenz pour la répartition des « propriétés foncières » (exploitations agricoles) et des terres sur la base des données du Programme mondial du recensement de l'agriculture de l'Organisation des Nations Unies pour l'alimentation et

Figure 4A.1 Répartition des terres agricoles dans la région MENA au cours de diverses années

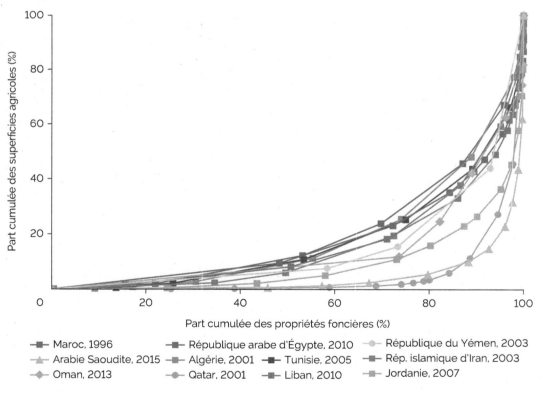

Source : FAO 2020.

Note : Le graphique est établi sur la base des données les plus récentes disponibles.

l'agriculture (FAO, 2020). Elle montre le taux cumulé de la surface des terres correspondant au taux cumulé des exploitations agricoles. Les courbes de Lorenz des pays du CCG — en particulier l'Arabie saoudite et le Qatar — sont les plus proches du coin inférieur droit, ce qui indique la prédominance de très grandes exploitations (comme c'est le cas dans ces pays) qui occupent une très grande partie des terres. À l'inverse, les courbes de l'Algérie, de l'Égypte, du Maroc et de la Tunisie sont plus éloignées du coin inférieur droit, ce qui indique la présence de nombreuses petites exploitations qui occupent une grande partie des terres dans ces pays.

NOTES

1. La *mauvaise allocation des terres* peut être définie comme une situation dans laquelle la terre n'est pas allouée de manière optimale. Dans une économie sans problèmes d'allocation, les produits marginaux des intrants sont égalisés entre les entités de production, notamment les entreprises ou les exploitations agricoles, de sorte qu'il n'y a pas d'augmentation de la production si les intrants sont réaffectés entre ces entités. Toute allocation inefficace, même si une quantité plus importante d'intrants est alloué à des entités plus productives, donnera lieu à une production agrégée plus faible. Le coût d'une mauvaise allocation est typiquement mesuré par la perte de productivité totale des facteurs ou de production par rapport à une situation dans laquelle les produits marginaux seraient égaux. On trouvera des articles de référence sur la mauvaise allocation des facteurs de production dans Olley et Pakes (1996) et Hsieh et Klenow (2009). Pour la question de la mauvaise allocation des terres dans divers contextes, le lecteur pourra se référer à Adamopoulos et Restuccia (2019) ; Ali, Deininger et Ronchi (2019) ; Besley et Burgess (2000) ; Duranton et al. (2015) ; Glaeser (2014) ; Glaeser et Ward (2009) ; Oldenbourg (1990) ; Restuccia et Santaeulalia-Llopis (2017) ; et Sood (2019). Une brève étude de synthèse a été réalisée par Restuccia (2020).

2. En règle générale, cet indicateur est beaucoup plus élevé dans les pays membres de l'OCDE. Par exemple, il atteint 46 % en France, 60 % aux États-Unis et 64 % au Royaume-Uni.

3. Bien entendu, ces chiffres pourraient également masquer un certain niveau de fausses déclarations faites pour éviter de payer cet impôt.

4. Les chiffres relatifs au taux de logements formels sont difficiles à obtenir. En 1996, on estimait que seulement 27 % des logements pouvaient entrer dans cette catégorie au Caire, mais des estimations récentes indiquent que ce taux serait plus proche de 10 %.

5. Dans les pays avancés, où moins de défaillances du marché sont dues aux difficultés d'accès à la terre, la question du succès des zones industrielles fait débat. Certains économistes soulignent que l'agglomération des activités économiques peut être obtenue plus efficacement lorsqu'elle est laissée au choix des entreprises et non décidées par les pouvoirs publics. On trouvera dans Duranton et Venables (2018) une revue des politiques territoriales, y compris en ce qui concerne les zones économiques spéciales.

6. Ces critères élargis ont réduit la portée des stratégies d'évitement (telles que le partage des parcelles entre des membres d'une même famille).

RÉFÉRENCES BIBLIOGRAPHIQUES

Adamopoulos, T., and D. Restuccia. 2019. "Land Reform and Productivity: A Quantitative Analysis with Micro Data." NBER Working Paper w25780, National Bureau of Economic Research, Cambridge, MA.

Ali, D. A., K. Deininger, and L. Ronchi. 2019. "Costs and Benefits of Land Fragmentation: Evidence from Rwanda." *World Bank Economic Review* 33 (3): 750–71.

Alkhowaiter, M., H. Selod, and S. Soumahoro. Forthcoming. "Unlocking Idle Land." Background paper prepared for this report, World Bank, Washington, DC.

Besley, T., and R. Burgess. 2000. "Land Reform, Poverty Reduction, and Growth: Evidence from India." *Quarterly Journal of Economics* 115 (2): 389–430.

Corsi, A., M. Elgarf, M. Nada, H. Park, and H. Selod. Forthcoming. "Industrial Zones in Egypt—An Assessment." Background paper prepared for this report, World Bank, Washington, DC.

Duranton, G., E. Ghani, A. Grover, and W. Kerr. 2015. "The Misallocation of Land and Other Factors of Production in India." Policy Research Working Paper 7221, World Bank, Washington, DC.

Duranton, G., and A. J. Venables. 2018. "Place-Based Policies for Development." Policy Research Working Paper 8410, World Bank, Washington, DC.

FAO (Food and Agriculture Organization). 2020. «World Programme for the Census of Agriculture.» FAO, Rome. https://www.fao.org/world-census-agriculture/en/.

Glaeser, E. L. 2014. "Land Use Restrictions and Other Barriers to Growth." Cato Institute, Washington, DC.

Glaeser, E. L., and B. A. Ward. 2009. "The Causes and Consequences of Land Use Regulation: Evidence from Greater Boston." *Journal of Urban Economics* 65 (3): 265–78.

Hsieh, C. T., and P. J. Klenow. 2009. "Misallocation and Manufacturing TFP in China and India." *Quarterly Journal of Economics* 124 (4): 1403–48.

Oldenburg, P. 1990. «Land Consolidation as Land Reform, in India.» *World Development* 18 (2): 183–95.

Olley, G. S., and A. Pakes. 1996. "The Dynamics of Productivity in the Telecommunications Equipment Industry." *Econometrica: Journal of the Econometric Society* 64 (6): 1263–97.

Restuccia, D. 2020. "The Impact of Land Institutions and Misallocation on Agricultural Productivity." *The Reporter*, No. 1, March. National Bureau of Economic Research, Cambridge, MA. https://www.nber.org/reporter/2020number1/impact-land-institutions-and-misallocation-agricultural-productivity.

Restuccia, D., and R. Santaeulalia-Llopis. 2017. "Land Misallocation and Productivity." NBER Working Paper 23128, National Bureau of Economic Research, Cambridge, MA.

Sood, A. 2019. "Land Market Frictions and Manufacturing in India." Working paper, University of Michigan, Ann Arbor.

USAID (US Agency for International Development). 2010. "USAID Country Profile—Property Rights and Resource Governance—Yemen." https://www.land-links.org/wp-content/uploads/2016/09/USAID_Land_Tenure_Yemen_Profile-1.pdf.

World Bank. 2006. *Arab Republic of Egypt. Public Land Management Strategy. Volume II: Background Notes on Access to Public Land by Investment Sector: Industry, Tourism, Agriculture and Real Estate Development.* Washington, DC : World Bank.

World Bank. 2009. "Reassessing the State's Role in Industrial Land Markets." In *From Privilege to Competition: Unlocking Private-Led Growth in the Middle East and North Africa.* Washington, DC: World Bank.

CHAPITRE 5

Défis et options en matière de politique foncière dans la région MENA

INTRODUCTION

L'image qui se dégage de ce rapport est celle d'une crise régionale imminente en raison de la raréfaction accrue des terres, des problèmes de souveraineté et sécurité alimentaires, de la croissance rapide de la population, des conflits ainsi que des tensions au sein de la société civile. Comme l'ont montré les chapitres précédents, ces problèmes et l'intensification des tendances qui les sous-tendent sont exacerbés par la mauvaise gouvernance des terres, y compris les disparités entre les hommes et les femmes concernant l'accès à la terre. Cependant, tous les pays de la région ne sont pas confrontés à des problèmes ayant la même gravité. Le chapitre s'ouvre donc sur une taxonomie qui identifie des groupes de pays en fonction de l'ampleur de ces défis. Compte tenu des domaines d'action prioritaires recensés dans le présent rapport et à la lumière de la taxonomie des pays, il examine ensuite les politiques qui ont été appliquées dans la région MENA et les pistes d'action à envisager à court et à long terme.

TAXONOMIE DES DÉFIS PAR PAYS

Une analyse statistique révèle que les pays de la région MENA peuvent être regroupés en fonction de la gravité des problèmes de gouvernance foncière et de rareté des terres auxquels ils sont confrontés, ce qui a des implications pour leurs choix de politiques (annexe 5A).

Les regroupements sont basés sur deux principales dimensions agrégées ou composantes, à savoir : 1) la faiblesse de la gouvernance et la pression démographique, et 2) la disponibilité de terres. La première composante rend compte essentiellement de la situation des pays en matière de gouvernance foncière, mesurée par l'indice *Doing Business* de Qualité de l'administration foncière, des différences entre hommes et femmes mesurées par l'indice d'inégalité de genre du PNUD, et du défi de la croissance démographique future mesurée par la prévision du taux de croissance de la population d'après les Nations Unies d'ici 2050[1]. La deuxième composante rend principalement compte de la disponibilité des terres agricoles, mesurée par l'estimation des terres cultivées par habitant et des terres non cultivées restantes qui pourraient être utilisées pour l'agriculture pluviale[2].

Les scores des pays selon ces deux dimensions agrégées sont présentés dans la figure 5.1. Le résultat le plus frappant est que la typologie regroupe les pays par proximité géographique, les trois principaux groupes étant les suivants :

• *Quadrant inférieur gauche*. Ce quadrant comprend des pays confrontés à une forte rareté de terres et peu à même de répondre à la demande accrue de terres prévue au regard de la croissance démographique future. Pourtant, ce sont aussi les pays les plus riches et qui ont tendance à avoir une gouvernance foncière relativement bonne et relativement moins d'inégalités entre les sexes. Ce groupe est composé des six pays du CCG et de Malte. Même si les efforts en matière de gouvernance devront être poursuivis (notamment en ce

Figure 5.1 Taxonomie des pays MENA en fonction de la disponibilité des terres, de la faible gouvernance foncière et de la pression démographique

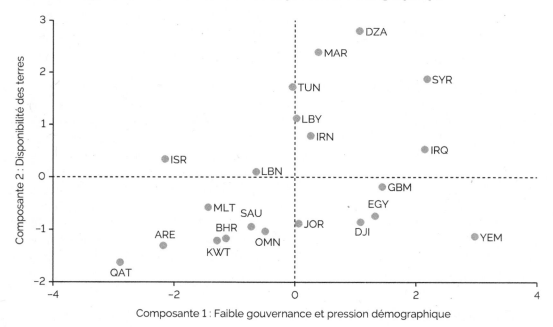

qui concerne la transparence et la gestion des terres publiques), ces pays devront établir une feuille de route (fondée sur des analyses sociales, économiques et environnementales solides) pour arbitrer stratégiquement les usages possibles de leurs terres.

- *Quadrant supérieur droit.* À l'inverse, ce quadrant est constitué de pays où les terres disponibles sont relativement plus nombreuses (bien qu'elles soient encore rares), mais où la gouvernance foncière est faible et les inégalités entre les sexes fortes. Il comprend les pays du Maghreb (la Tunisie se situant légèrement en dehors du quadrant en raison de sa croissance démographique relativement plus faible) et le groupe de pays composé de l'Iraq, de la République islamique d'Iran et de la République arabe syrienne. Le Liban pourrait également être ajouté à ce groupe du fait de ses faibles scores en matière de gouvernance même s'il se trouve en dehors du quadrant en raison des prévisions de baisse de sa population (qui contrastent fortement avec celles du reste de la région). Bien que ces pays soient généralement confrontés à des problèmes moins prononcés de rareté des terres, ils devront néanmoins répondre à la demande de terres liée à la croissance démographique et faire des progrès significatifs en matière de gouvernance foncière.

- *Quadrant inférieur droit.* Les pays de ce groupe ont des lacunes en matière de gouvernance foncière, de fortes inégalités entre les sexes, des prévisions de forte croissance démographique et manquent cruellement de terres. Ce quadrant comprend les pays de la région de la mer Rouge (Djibouti, République arabe d'Égypte et République du Yémen) ainsi que la Cisjordanie et Gaza. C'est dans ces économies que la crise imminente de la rareté des terres est la plus évidente et la plus inquiétante, car contrairement aux pays du CCG, leur faible gouvernance foncière empêche des réponses efficaces immédiates. En dépit des progrès qu'elle a réalisés en matière de gouvernance, la Jordanie se trouve dans ce quadrant à cause des fortes disparités entre les sexes, des prévisions de forte croissance démographique et de la rareté relative des terres qui la caractérisent. Pour les pays de ce quadrant, il sera crucial d'améliorer la gouvernance foncière tout en faisant des arbitrages entre les usages possibles de la terre. Toutefois, le défi de la rareté des terres ne peut être relevé efficacement sans une amélioration de la gouvernance foncière (par exemple, la connaissance de l'inventaire des terres est une condition préalable à la prise de décisions éclairées concernant leur utilisation et leur allocation). Des réformes en profondeur, bien que nécessaires, peuvent néanmoins s'avérer difficiles à mettre en œuvre, des approches graduelles étant probablement plus réalisables.

Les sections qui suivent analysent en détail la manière dont les réformes du secteur foncier peuvent aider les différents groupes de pays à relever les défis évoqués dans ce rapport, en identifiant les mesures applicables à court terme et celles qui nécessiteront un engagement politique fort et ne pourront être réalisées qu'à plus long terme.

AMÉLIORER L'ADMINISTRATION FONCIÈRE ET LA TENURE

La prise de décisions éclairées et l'amélioration de l'allocation et de l'utilisation des terres dépendront de la modernisation de l'administration foncière. L'évaluation des insuffisances et des contraintes en matière de capacités techniques, financières et opérationnelles aidera chaque pays à cerner l'ampleur des réformes nécessaires et à définir une feuille de route réalisable. Des politiques visant à moderniser l'administration foncière ont été mises en œuvre dans les pays du Golfe et sont envisagées ou formulées en Cisjordanie et à Gaza, en Égypte, en Jordanie, au Liban, au Maroc et en Tunisie.

La Jordanie a fait des progrès considérables depuis 1995 en achevant l'enregistrement de la plupart des terres privées[3], en numérisant tous les documents, en fournissant des services en ligne et en consolidant les mandats pour la gestion des terres privées et publiques. Cependant, malgré ces succès, elle a encore des défis à relever, notamment la mauvaise définition et documentation des terres domaniales (qui représentent 80 % de l'ensemble des terres) et leur gestion, ainsi que le manque de clarté autour des droits coutumiers, qui se traduit par une insécurité foncière à grande échelle (USAID, 2018).

La «Feuille de route pour la réforme du secteur foncier palestinien» adoptée par l'Autorité palestinienne en 2017 est un exemple des efforts de modernisation déployés récemment[4]. Ce qui est remarquable dans la politique palestinienne, c'est qu'elle tente de mettre en œuvre une approche globale et multipartite de réforme du secteur foncier, qui vise notamment l'optimisation de l'utilisation des terres, l'exhaustivité de l'enregistrement des terres, l'amélioration des services aux citoyens et la gestion efficace et transparente des terres domaniales. L'expérience mondiale en matière de modernisation de l'administration foncière montre qu'une telle approche globale et un engagement politique à long terme sont des conditions préalables au succès. Cependant, même avec une telle approche, des capacités techniques, financières et opérationnelles inadéquates restent souvent des obstacles à surmonter.

Quant aux cadres juridiques, d'importants défis restent à surmonter pour les adapter aux besoins des économies modernes, réduire la complexité des systèmes de tenure foncière et promouvoir une convergence entre les régimes statutaires et coutumiers. Les régimes coutumiers évoluent et tendent vers l'individualisation ou la privatisation des terres. Au Maroc, un processus de «melkisation» a été mis en place depuis la fin des années 1960 pour convertir les terres rurales collectives en terres privées individuelles (*melk*). Or, jusqu'à présent, ce processus a connu peu de succès en raison de problèmes de coordination institutionnelle, de difficultés à aborder la question de la copropriété et de l'exclusion des femmes des bénéficiaires (comme nous le verrons plus loin dans ce chapitre). Comme autre exemple de politique gouvernementale visant à simplifier le régime foncier, on peut citer l'individualisation/privatisation des terres, à l'instar de la suppression par la Jordanie en 2019 de la catégorie juridique des terres *miri* (terres domaniales assorties de droits d'usage privés) et leur conversion en terrains *mulk* (terrains privés). L'objectif principal était de faciliter les transactions immobilières dans les zones où les villes s'étaient étendues et où les principales tribus avaient obtenu de tels droits d'usage.

Des réformes sont également nécessaires pour intégrer les principales fonctions d'administration et de gestion des terres qui sont actuellement fragmentées. L'intégration de ces fonctions permet d'obtenir des informations foncières plus cohérentes (harmonisation des registres) et une prestation de services et une utilisation des ressources gouvernementales plus efficaces. L'intégration devrait rendre également plus probable l'établissement d'un modèle d'autofinancement. Les pays qui ont fourni des efforts pour intégrer les principales responsabilités de l'administration foncière, à savoir l'enregistrement, le cadastre et l'évaluation, sont ceux du CCG (Bahreïn, Émirats arabes unis et Qatar), ainsi que la Jordanie et le Maroc. Par exemple, en 2003, Bahreïn a fusionné sa direction du cadastre avec le bureau de l'enregistrement pour superviser le système d'administration des terres. La Jordanie dispose depuis longtemps d'une agence unique qui cumule toutes ces responsabilités.

Il ressort des données du rapport *Doing Business* que la consolidation institutionnelle est associée à une prestation de services plus efficace[5]. Ainsi, l'Égypte, qui a confié les fonctions du cadastre, de l'enregistrement et de la gestion des terres domaniales à diverses institutions, se classe en queue de peloton avec un délai d'enregistrement de 76 jours, contre 17 seulement en Jordanie[6]. Il apparait donc clairement que le fait de s'attaquer à la fragmentation institutionnelle de l'administration et de la gestion des terres produit des gains importants, mais dans plusieurs pays de la région MENA, la consolidation institutionnelle est une œuvre de longue haleine qui nécessite un engagement politique fort. La mise en place des moyens de rationaliser progressivement les fonctions de gestion foncière (comme la simplification des procédures, la création de guichets uniques et l'amélioration de l'interopérabilité des systèmes d'information foncière) peut générer des gains à court terme.

GÉNÉRER DES REVENUS À PARTIR DU FONCIER

De nombreux pays de la région MENA disposent d'une marge de manœuvre considérable pour utiliser stratégiquement les terres dans le but de générer des recettes par le biais de la fiscalité foncière, mais jusqu'à présent, les tentatives en ce sens se sont heurtées à une certaine résistance. Pour avancer, il faudra remédier aux obstacles techniques et politiques, notamment en complétant les registres, en développant une infrastructure d'évaluation, en améliorant les capacités de l'administration fiscale et en réduisant au minimum possible les exonérations fiscales. Au Maroc où, à part Israël, les taxes foncières représentent le pourcentage le plus élevé du PIB dans la région MENA, le gouvernement hésite à augmenter la charge fiscale globale et n'a guère d'appétit pour des hausses de taxes foncières qui ne peuvent être compensées par la baisse d'autres impôts. Un autre exemple illustrant ces préoccupations est l'Égypte, qui a tenté d'élargir son assiette fiscale en 2008 au moyen d'une loi instaurant une amende pour les propriétaires qui ne déclarent pas leurs biens à l'autorité chargée de la taxe foncière[7]. Du fait de la résistance opposée à cette loi, son application a été reportée jusqu'en 2014, date à laquelle le seuil d'exonération a été élargi. Pour atténuer le manque à gagner dû aux exonérations de la taxe foncière, l'autorité responsable de cette taxe a adopté une politique consistant à cibler les propriétés de grande valeur, telles que les bureaux et les parcs d'affaires, créant ainsi un impôt sur la fortune au lieu d'une taxe foncière nationale.

Ces exemples soulignent la difficulté qu'il y a à étendre la taxe foncière dans la région MENA, l'un des principaux problèmes étant l'étroitesse de l'assiette fiscale du fait des faibles niveaux d'enregistrement, des nombreuses exemptions et du manque de transparence, ce qui suscite de la méfiance, un sentiment d'injustice et le non-respect de l'imposition. À court terme, les pays de la région peuvent passer en revue et planifier l'élargissement de leur assiette fiscale en s'appuyant sur une meilleure communication des réformes fiscales en vue d'améliorer la confiance du public dans l'impôt, sur un meilleur ciblage des exonérations fiscales et des bénéficiaires d'allégements fiscaux (en les réduisant au minimum), et sur le renforcement des capacités de l'administration fiscale. À plus long terme, l'amélioration de l'enregistrement de la propriété foncière augmentera l'assiette fiscale et permettra d'abaisser les taux d'imposition et de disposer d'une fiscalité foncière plus équitable basée sur les valeurs du marché.

Les principes du marché foncier devraient être appliqués à l'évaluation et à l'imposition, ce qui permettrait d'augmenter les recettes et de rendre le système fiscal plus équitable. Au lieu de cela, de nombreux pays de la région basent actuellement l'impôt foncier sur la valeur comptable (voir chapitre 2). Des réformes visant à aligner l'évaluation des biens sur les valeurs du marché et à réduire les distorsions dues aux exonérations fiscales (en particulier celles s'appliquant aux terrains vacants) sont toujours nécessaires dans la région, mais ne sont envisagées que dans quelques pays. En Cisjordanie et à Gaza, les premières mesures sont prises pour développer l'infrastructure nécessaire à l'évaluation des propriétés sur la base des valeurs du marché. Le Liban envisage également un système d'évaluation de masse basé sur le marché immobilier jordanien. À court terme, il faudra en priorité renforcer les compétences et les capacités d'évaluation, clarifier les mandats des institutions compétentes et s'aligner sur les normes d'évaluation internationalement reconnues. Les pays pourront ensuite commencer à piloter la collecte des données foncières et le développement de systèmes d'information qui permettront à la fois des évaluations de masse et des évaluations individuelles. Les investissements dans les infrastructures d'évaluation exigeront des coûts de démarrage importants, mais ils peuvent avoir beaucoup d'avantages à long terme et à grande échelle pour les économies concernées, grâce à un meilleur fonctionnement des marchés fonciers et hypothécaires, une meilleure gestion des terres, des investissements publics plus productifs, des régimes fiscaux plus équitables, une transparence accrue, une plus grande éthique de responsabilité et la création de plus de revenus pour les gouvernements.

Au-delà de la fiscalité foncière, les pays de la région MENA pourraient bénéficier de l'adoption d'une série d'instruments de captation de la valeur foncière. Ces instruments peuvent fournir des options de financement des investissements en infrastructure qui sont efficaces (ils permettent de cibler les bénéficiaires directs des investissements en les faisant contribuer proportionnellement aux bénéfices qu'ils en tirent) et équitables (les gouvernements récupérant une partie des bénéfices de leurs propres investissements). Dans certains pays de la région, les lois prévoient déjà une série d'instruments de captation de la valeur foncière, telles que des frais d'amélioration, des frais d'aménagement immobilier et une taxe sur l'augmentation de la valeur foncière (Égypte, Cisjordanie et Gaza et Liban). Cependant, il semble que ces instruments soient rarement mis en œuvre. L'Égypte dispose ainsi d'un prélèvement sur l'incrément de valeur foncière depuis 1955[8], mais seuls quelques gouvernorats l'appliquent effectivement. Les principales raisons techniques tiennent aux difficultés d'évaluation des valeurs avant et après l'investissement et à la perception de la taxe elle-même. L'utilisation de ce type d'instruments sera donc un objectif à plus long terme pour les pays qui devront d'abord mettre en place des systèmes fonctionnels d'évaluation des valeurs foncières.

MIEUX GÉRER LES TERRES DOMANIALES

Les pays de la région MENA devraient élaborer des politiques qui clarifient les objectifs à atteindre par la gestion des terres domaniales, assurer une allocation et une utilisation plus efficaces des terres domaniales sur la base d'études coûts/bénéfices, et utiliser ces terres pour générer des revenus. La redistribution des terres domaniales pour remplir le contrat social reste un élément central dans certains pays de la région, souvent dans le prolongement des mécanismes d'allocation traditionnels. Cependant, cette redistribution des terres, très courante dans les pays producteurs de pétrole et de gaz, se traduit par des allocations inefficaces et non durables qui ne sont pas entreprises pour satisfaire les objectifs de gestion des terres ou de développement et peuvent même susciter un mécontentement social. À Oman, par exemple, la croissance rapide de la population à partir des années 1970 a encouragé la politique du gouvernement qui accorde à chaque citoyen omanais le droit de participer à une loterie pour recevoir des droits d'usage sur une parcelle de terrain. Cette politique a été critiquée au motif qu'elle a contribué à une expansion urbaine non viable (en particulier autour de la capitale, Mascate), imposant une mobilité en voiture (et contribuant ainsi aux émissions de gaz à effet de serre) et une consommation d'importantes quantités d'énergie, de matériaux et de ressources spatiales.

L'approche recommandée pour la gestion des terres requiert que l'on repense les pratiques établies de longue date qui considèrent les terres comme une ressource gratuite pour la redistribution ou la fourniture de services publics sans tenir compte des coûts (économiques, environnementaux et sociaux). Elle requiert aussi de considérer les terres et les propriétés de l'État comme un portefeuille d'actifs à optimiser. Une gestion efficace des terres domaniales est d'autant plus importante que les terres, qui sont rares dans la région MENA, sont souvent possédées par les États. Les pays qui cherchent à améliorer la gestion des terres domaniales devraient donner la priorité à la mise en place ou à la finalisation d'inventaires des terres de l'État dans le cadre du développement de systèmes de gestion des informations foncières, tout en améliorant la capacité des institutions à gérer des actifs. Ils devraient également adopter des mécanismes d'allocation plus transparents et axés sur le marché, tels que des ventes aux enchères, au lieu de loteries ou d'allocations directes. Ces dernières sont moins efficaces, car il est possible que des terres ne soient pas affectées au meilleur usage possible et que cela diminue la capacité de générer des recettes publiques (voir, par exemple, World Bank, 2006a, 2006b). À plus long terme, une gestion efficace des terres domaniales nécessitera une meilleure coordination des institutions responsables de la gestion et de l'allocation des terres, ainsi qu'un certain niveau de décentralisation des fonctions de gestion foncière.

Les pays MENA devraient envisager la mise en place de partenariats public-privé (PPP) pour l'aménagement de terrains domaniaux ou pour la prestation de services fonciers, ce qui, dans certains cas, nécessitera des réformes législatives. Cette approche devrait permettre de réduire les inefficacités, d'alléger les contraintes financières, d'accroître l'accès au capital et de diminuer la prise de risque des gouvernements en partageant les risques d'investissement avec le secteur privé. Selon l'OCDE, les pays de la région MENA n'ont généralement pas recours aux PPP en raison du risque élevé auquel s'expose le secteur privé en s'engageant dans de tels arrangements. Au nombre des facteurs dont il faut tenir compte figurent l'absence d'un cadre juridique adéquat pour les PPP, le manque d'expérience et de compétence des gouvernements dans la mise en place de PPP, et les risques financiers et contractuels (OECD, n.d.). En outre, les terrains domaniaux proposés pour ces projets peuvent également ne pas être situés aux meilleurs endroits, ce qui réduit leur viabilité et l'attrait des PPP. Néanmoins, pour les pays qui ont mis en place un environnement favorable aux PPP, il existe des exemples aboutis d'utilisation du levier financier offert par le secteur privé. Un exemple notable est celui des Émirats arabes unis, où le Land Department de Dubaï s'est associé à des dizaines d'acteurs du secteur privé pour faire progresser les initiatives de développement immobilier et améliorer les services d'enregistrement de la propriété foncière. Pour ce qui est des services publics, le gouvernement a mis en place les conditions nécessaires grâce à sa loi sur les PPP de 2015 qui fournit un cadre juridique précisant les politiques et les normes de participation du secteur privé à la prestation de services publics.

Les pays MENA qui ont adopté des politiques de récupération des terres désertiques en réponse à la rareté des terres doivent procéder à une réévaluation pour voir si ces approches sont durables à long terme. La récupération des terres désertiques est une stratégie utilisée par les pays de la région pour répondre à la demande croissante de terres (résidentielles, industrielles et agricoles). C'est ainsi que l'Algérie, l'Arabie saoudite, l'Égypte, la Jordanie et le Maroc ont converti des terres désertiques à l'agriculture. Bahreïn et le Qatar ont procédé à la mise en valeur de terres désertiques pour des programmes de logement afin de répondre à la croissance de la population urbaine. En Égypte, la récupération des terres désertiques est au cœur des efforts d'aménagement du territoire qui, depuis des décennies, visent à utiliser ces terres pour créer des zones industrielles et des villes nouvelles (22 ont été construites jusqu'à présent et une vingtaine d'autres sont prévues)[9].

Jusqu'à présent, l'approche consistant à s'étendre dans le désert n'a rencontré qu'un succès limité, les zones industrielles et les villes nouvelles peinant à attirer emplois et habitants (voir l'analyse du chapitre 4). Elle a également suscité des inquiétudes quant aux effets externes sur l'environnement, au manque d'adéquation avec la planification urbaine intégrée, à la lenteur de la transformation spatiale générée par les investissements massifs réalisés et à l'exclusion des segments les plus pauvres de la société[10]. En Jordanie, la récupération de terres arides et semi-arides a entraîné d'importants conflits entre l'État et les tribus locales qui revendiquent le droit de propriété sur ces terres (Al Naber et Molle, 2016). Ces défis pourraient être transitoires, la transformation spatiale prenant du temps, ou perdurer en raison de l'absence des conditions requises (comme les infrastructures reliant les zones industrielles du désert aux marchés ou reliant les nouvelles villes aux emplois, comme nous l'avons indiqué dans le présent rapport). Ils témoignent également d'un mauvais ciblage, comme l'illustre le choix de sites éloignés pour les zones industrielles ou les niveaux de revenus des résidents à loger dans les nouvelles villes. Le problème fondamental qui se pose est que la récupération des terres est souvent utilisée pour éviter de résoudre des problèmes liés à la spéculation foncière et aux pénuries artificielles de terres dans les zones urbaines existantes. Il est beaucoup plus facile de construire de nouvelles maisons dans le désert, où il n'y a généralement pas de problèmes de droits de propriété, que de résoudre les problèmes structurels qui ont contribué aux problèmes de reconnaissance de la propriété foncière dans les villes existantes. Le choix de procéder à la récupération des terres s'est traduit par l'étalement urbain et des coûts élevés en énergie et en ressources pour fournir des services aux zones désertiques nouvellement aménagées (Abubakar et Dano, 2020).

De même, tout pays de la région MENA engagé dans la poldérisation en réponse à la rareté foncière devrait évaluer soigneusement les questions de durabilité associées à cette approche. Les pays du CCG ont fortement investi dans la récupération de terres sur la mer (c'est-à-dire la construction de terres artificielles sur la mer), souvent pour des projets d'aménagement spécifiques tels que la mosquée Hassan II au Maroc et les îles Palm à Dubaï. Cependant, bien que les îles artificielles de Dubaï et d'Abou Dhabi aient contribué, dans un contexte de baisse des réserves et des recettes pétrolières, à stimuler le secteur immobilier des Émirats arabes unis et à diversifier l'économie, notamment par le biais du tourisme, elles soulèvent des préoccupations environnementales. Il s'agit notamment de l'érosion côtière due à la perturbation des voies navigables et des répercussions négatives sur la biodiversité marine et les écosystèmes indigènes du littoral des deux Émirats.

Dans l'ensemble, les politiques de récupération des terres dans la région MENA, que ce soit dans le désert ou en mer, n'ont pas toujours eu d'effets transformateurs significatifs. Au lieu de cela, elles semblent être des substituts de second rang pour pallier directement les principaux problèmes de développement dans les zones bâties existantes. Il s'agit notamment de réhabiliter les zones informelles, d'améliorer les infrastructures, de garantir une meilleure prestation de services et, indirectement, de servir d'autres objectifs économiques, comme offrir aux classes supérieures et moyennes des possibilités d'épargne grâce à l'investissement immobilier, favoriser l'emploi dans la construction et la promotion immobilière et générer des recettes publiques. Les politiques de récupération des terres constituent également une mesure sous-optimale face à la pénurie de terres pour des projets de développement, compte tenu de leurs effets sur l'environnement et des dysfonctionnements liés à l'étalement urbain, et il est possible qu'elles soient peu rentables pour les investisseurs de la classe moyenne et les finances publiques. Il vaudrait mieux orienter les ressources utilisées vers des investissements dans les zones bâties existantes.

GÉRER LES TERRES AGRICOLES : POLITIQUES ET OBJECTIFS STRATÉGIQUES

Dans les pays MENA, des politiques établies de longue date en vue d'atteindre des objectifs de souveraineté et de sécurité alimentaires ont incité à accroître l'utilisation des terres pour la production agricole nationale selon des modalités non durables qui mériteraient d'être réexaminées. Ces politiques ont été adoptées dans un contexte marqué par la baisse de l'autosuffisance[11] et par la vulnérabilité à l'instabilité croissante des prix des matières premières sur les marchés internationaux. Dans le même temps, ces politiques ont contribué à accroître l'étendue des terres mises en culture et à orienter le choix des cultures vers des variétés gourmandes en eau, aggravant ainsi l'épuisement des ressources en eau, la dégradation des sols et d'autres conséquences environnementales (Varis et Abu-Zeid, 2009). C'est ainsi qu'en Égypte, les politiques d'autosuffisance alimentaire ont laissé des empreintes hydriques importantes en raison de la production de cultures telles que le blé, qui nécessitent de grandes quantités d'eau (Abdelkader et al., 2018). On retrouve une tendance similaire pour la production de blé et d'autres cultures gourmandes en eau en Tunisie et au Maroc[12]. Eu égard aux prévisions selon lesquelles le système aquifère arabe sera épuisé au cours des 3 à 14 prochaines décennies (World Bank, à paraître), il est urgent de trouver une réponse à l'échelle de la région afin de garantir des formes d'exploitation plus durables des terres.

Il est possible de répondre à la demande alimentaire d'une manière plus durable en combinant une production agricole plus efficace au niveau national et une dépendance à l'égard des investissements agricoles à l'étranger ainsi que des importations alimentaires en provenance de pays moins soumis au stress hydrique et foncier. En fait, la tendance dans la région MENA est depuis longtemps à une dépendance accrue vis-à-vis des importations. Sa part de produits alimentaires provenant du marché international a quadruplé, passant de 10 % en 1961 à 40 % un demi-siècle plus tard, et elle devrait continuer d'augmenter (Le Mouël et Schmitt, 2018)[13]. Les importations alimentaires utilisent les ressources des pays exportateurs, ce qui permet à la région MENA d'économiser sur l'utilisation des terres et la consommation d'eau[14].

Dans la plupart des pays, peu d'efforts ont été déployés pour améliorer la durabilité de la production nationale, les pays continuant à maintenir les subventions à l'eau et à l'agriculture. Les pays n'ont pas non plus fait grand-chose pour réduire le volume important d'aliments gaspillés dans la région[15] ou pour améliorer l'efficacité de la production alimentaire[16], ce qui permettrait d'accroître la disponibilité des denrées alimentaires sans exacerber la consommation de terres et d'eau. Ces options seraient beaucoup moins coûteuses et plus durables que l'expansion de la production.

L'Arabie saoudite est le seul pays de la région à avoir pris des mesures drastiques pour résoudre le problème de la durabilité de l'utilisation des terres agricoles. En 2008, elle a décrété une interdiction de la production de blé pour essayer de préserver ses ressources en eau[17]. Cette interdiction a réduit de plus de 75 % les superficies consacrées à la production de blé (et la production intérieure de blé dans la même proportion), et a été mise en œuvre en acceptant une augmentation spectaculaire des importations de blé (figure 5.2). Cependant, elle a depuis été partiellement annulée pour satisfaire les petits et moyens exploitants agricoles. Le cas saoudien démontre que l'adoption de telles mesures pour réduire l'exploitation non durable des terres est une option, mais il confirme que leurs effets sociaux ou l'opposition qu'elles suscitent de la part des groupes affectés doivent être pris en compte pendant la mise en œuvre. Parce que l'assouplissement de ces mesures s'est produit dans un contexte de diminution des recettes pétrolières, il met en évidence les préoccupations relatives à un choix de politique qui repose sur la capacité d'un pays à financer sur le long terme des importations massives de denrées alimentaires.

La pression exercée pour réduire la dépendance alimentaire a également incité plusieurs pays à acquérir ou à sécuriser de grandes étendues de terres dans des pays d'Afrique subsaharienne tels que l'Éthiopie afin d'y produire des denrées de base et de les exporter vers le pays investisseur (Arezki, Bogmans et Selod, 2018). Ces investissements ont toutefois créé des tensions autour de l'accès à la terre et à l'eau dans les pays ciblés, notamment avec les communautés locales qui souvent ne disposent pas de droits de propriété reconnus et peuvent être chassées de leurs terres par les gouvernements bénéficiaires au profit des d'investissements étrangers (Jägerskog et Kim, 2016). En réponse à ces préoccupations, la communauté internationale a élaboré une série de principes visant à orienter ces investissements de manière à les rendre plus durables et plus respectueux des intérêts des communautés locales[18].

La question de savoir si et dans quelle mesure les terres agricoles doivent être préservées ou les terres désertiques mises en valeur pour l'agriculture est d'une grande importance pour les politiques de plusieurs pays de la région MENA en raison du coût de ces politiques et du rythme de dégradation des terres induite par le climat. Dans les zones périurbaines,

Figure 5.2 Superficies de blé récoltées et importations de blé, Arabie saoudite, 1961–2018

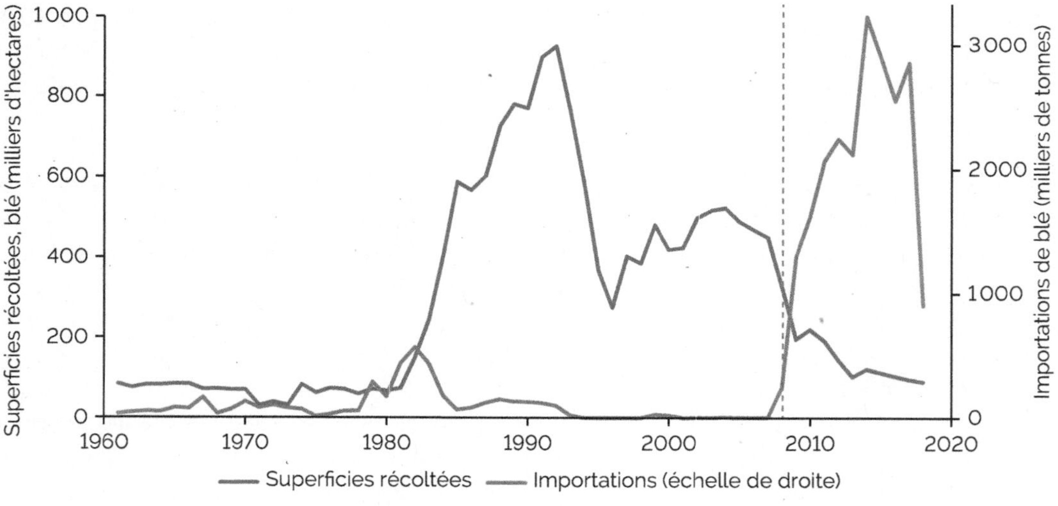

Source : Calculs des auteurs, basés sur le tableau de bord FAOSTAT de l'Organisation des Nations Unies pour l'alimentation et l'agriculture, http://www.fao.org/faostat/.

Note : La ligne verticale en pointillés marque la promulgation en 2008 d'une interdiction de la production de blé. ha = hectares.

des tensions sont apparues du fait de la conversion de terres agricoles périurbaines en terres urbaines, certains gouvernements prenant des mesures pour protéger les terres agricoles. Cette approche suppose implicitement que les marchés fonciers ne conduisent pas à une allocation optimale des terres en valorisant l'usage résidentiel par rapport à l'usage agricole. Les avantages et les coûts de la conversion des terres doivent être évalués et doivent guider les objectifs stratégiques et les décisions en matière d'aménagement du territoire. L'expansion urbaine dans le désert permet de préserver les rares terres agricoles périurbaines et de limiter la congestion dans les villes existantes, mais elle a des coûts économiques, sociaux et environnementaux qui doivent être évalués. La récupération des terres pour l'aménagement urbain et l'agriculture est toujours à l'ordre du jour dans un pays comme l'Égypte — son Projet national de récupération et de culture de 2015 visant à augmenter les terres agricoles de 20 %. Toutefois, les expériences passées ont montré que de telles initiatives sont non seulement très coûteuses, mais qu'elles augmentent également le stress hydrique et alimentent les conflits liés à l'accès à l'eau[19]. Compte tenu des prévisions d'impact du changement climatique et de l'expansion urbaine incontrôlée, il est peu probable que la récupération des terres parvienne à inverser la tendance à la désertification et à la dégradation des sols à long terme.

Les tendances actuelles en matière de raréfaction des terres et de l'eau donnent à penser que les pays de la région MENA doivent accepter leur dépendance croissante à l'égard des importations de denrées alimentaires et mettre en place des mécanismes adéquats pour gérer les faiblesses qui en découlent. Pour être maintenue à long terme, l'augmentation des importations alimentaires devra s'accompagner de mesures qui en assurent la faisabilité tant financière que sociale. Pour faire face au coût des importations croissantes de denrées alimentaires, ces pays devront générer davantage de recettes grâce aux exportations et privilégier la diversification économique. Étant donné que la dépendance à l'égard des importations implique une vulnérabilité aux chocs affectant la production internationale et le prix des produits agricoles, des filets de sécurité sous forme de transferts en espèces ou de soutien en nature pourraient contribuer à protéger les pauvres de ces chocs. Le stockage stratégique des produits agricoles, bien que coûteux, pourrait également aider les pays à atténuer les chocs mondiaux affectant la production agricole.

La fragmentation des terres agricoles résultant des politiques de redistribution des terres ou de la division des parcelles à la suite d'un héritage reste un problème omniprésent dans la région MENA, en particulier en Algérie, en Égypte, au Maroc et en Tunisie. Les politiques actuelles visant à consolider les terres par le biais de coopératives ont connu un succès mitigé à cause de contraintes sociales, juridiques et techniques et de problèmes de capacités non résolus. Il conviendrait d'envisager d'autres options stratégiques telles que la constitution de réserves foncières, qui a fait ses preuves dans d'autres contextes. En effet, certains pays ont essayé de remédier à la fragmentation en regroupant les terres dans des coopératives capables de réaliser des économies d'échelle dans la production agricole. En République islamique d'Iran, par exemple, la politique gouvernementale a cherché à encourager la création de coopératives d'agriculteurs par des campagnes de sensibilisation et des incitations financières[20]. Cependant, le succès des coopératives a été limité par des contraintes socioéconomiques et techniques, notamment la réticence des agriculteurs à renoncer à leur accès à la terre, en particulier aux parcelles dont ils ont hérité, ainsi que la mise en œuvre difficile du remembrement des parcelles dans certaines régions, la redistribution des ressources en eau n'étant pas prise en compte dans la conception (Abdollahzadeh et al., 2012 ; Shetty, 2006).

Il faut noter que dans la région MENA, la politique de remembrement n'a pas été mise en œuvre à grande échelle à l'aide d'instruments complémentaires pouvant servir d'intermédiaires dans le processus de mise en commun des terres. Un exemple de tels instruments est celui des réserves foncières, qui se sont avérées relativement efficaces dans d'autres contextes, comme dans certains pays d'Europe de l'Est pendant la période postsocialiste. D'autres tentatives visant à atténuer la fragmentation des terres dans la région ont impliqué des approches législatives pour éviter une fragmentation excessive. Par exemple, le Maroc a établi des limites au partage des terres avec un minimum de cinq hectares dans les périmètres irrigués. En dehors de la région, une approche similaire a été mise en œuvre par la Turquie, dont la loi sur la conservation des sols et l'utilisation des terres établit une taille minimale pour les exploitations agricoles et interdit le morcellement des terres en dessous de ce seuil par héritage ou par vente. L'approche turque a connu un certain succès : on estime que 700 000 hectares n'ont pas fait l'objet d'un morcellement et que 6,4 millions de parcelles ont été transférées aux héritiers sans morcellement (FAO, 2014). Toutes ces approches concernant la fragmentation visent à faciliter la transférabilité des terres. Elles pourraient être accompagnées d'interventions propres à garantir que les détenteurs de terres disposent d'autres possibilités de générer des recettes qui les incitent à louer ou à vendre leurs terres plutôt qu'à les conserver.

RÉPONDRE AUX BESOINS EN TERRAINS URBAINS

Une meilleure gouvernance foncière et une mobilisation plus efficace des terrains domaniaux sont nécessaires pour stimuler les marchés fonciers et augmenter l'offre de terrains formels pour le développement urbain. La mobilisation des terres domaniales nécessitera une politique claire en matière de gestion de ces terres, l'identification de la meilleure utilisation potentielle de la réserve de terres domaniales et des moyens efficaces de mettre à disposition pour l'investissement une partie de cette réserve foncière. Dans le même temps, la réserve de terrains domaniaux situés dans des endroits propices au développement urbain a diminué, ce qui indique que le modèle traditionnel consistant à s'appuyer sur ces terrains pour l'urbanisation est confronté à de sérieux défis. Dans de nombreux cas, la diminution de l'offre de terrains domaniaux a entraîné des choix d'emplacement sous-optimaux pour les aménagements urbains, en particulier en ce qui concerne les logements abordables (comme en Iraq, en Jordanie et en Arabie saoudite) et les interventions relatives au relogement des habitants des bidonvilles (comme en Égypte, au Maroc et en Tunisie). Cette situation a contribué à un développement spatial inefficace. Les programmes de logements abordables ont été contraints de s'implanter à la périphérie des villes, sans connexion au réseau d'infrastructures, ce qui a encore aggravé l'étalement spatial, les difficultés de prestation de services et les pressions sur les systèmes de transport, et a eu des effets néfastes sur l'environnement. En outre, la tendance à opter pour des choix spatialement sous-optimaux contourne la difficulté à résoudre les problèmes fonciers dans les villes existantes, en privilégiant de nouveaux aménagements à la restructuration. Pour surmonter ces difficultés, les pays MENA devront trouver des modèles de substitution capables de mobiliser dans une plus large mesure les terrains privés pour le développement urbain. Il faudra pour cela améliorer considérablement la gouvernance foncière afin de clarifier les différentes situations de tenure foncière et les droits de propriété, d'établir l'infrastructure appropriée pour l'évaluation des terres au prix du marché, et de s'attaquer à la question des terrains vacants. Ces mesures sont nécessaires non seulement pour stimuler l'offre de terres formelles de manière à répondre aux besoins urbains, mais aussi pour faire en sorte que les processus de conversion des terres à usage urbain deviennent plus transparents et plus équitables.

Des approches sur mesure doivent être adoptées pour résoudre le problème des terrains vacants. Plusieurs pays de la région sont confrontés au paradoxe d'avoir à la fois un nombre important de terrains non bâtis dans leurs villes et une pénurie de logements. En fait, le problème des terrains vacants a exacerbé la pénurie de terrains en milieu urbain, ce qui a entraîné une flambée des prix de l'immobilier (voir, par exemple, le cas de Ramallah en Cisjordanie). Confrontée à un problème similaire, l'Arabie saoudite cherche à le résoudre en taxant les terrains vacants (voir l'analyse du chapitre 4). D'autres pays du CCG suivent ou prévoient de suivre cet exemple (Koweït et Oman).

Plusieurs pays de la région sont également confrontés à un problème d'unités résidentielles vacantes. En Jordanie, ce phénomène est en partie dû aux politiques fiscales actuelles qui prélèvent des taxes foncières moins élevées sur les unités résidentielles vacantes, ce qui pourrait avoir contribué à un taux de vacance estimé à 18 % pour les logements du pays (World Bank, 2018). Une harmonisation des taux d'imposition des logements vacants et occupés (impliquant que les logements vacants soient taxés au même taux ou à un taux plus élevé que les logements occupés) est donc nécessaire et devrait être réalisable à court terme. Toutefois, l'imposition des terrains vacants et des unités résidentielles vacantes se heurte à une forte opposition. Une taxe sur les propriétés résidentielles vacantes a été envisagée en Égypte, mais elle a été jugée anticonstitutionnelle par la Cour suprême au motif qu'elle était trop élevée et équivaudrait à une forme de confiscation[21].

Pour surmonter l'opposition à l'impôt sur les terrains vacants ou les unités résidentielles vacantes, il sera important de mieux communiquer avec le grand public et les autorités de l'État sur les avantages pour la collectivité et l'équité qu'offre une approche fiscale pour réduire le nombre de logements vacants. Or, les pénalités fiscales peuvent être difficiles à appliquer lorsque la propriété foncière n'est pas clairement établie et que l'administration fiscale manque de moyens. Dans le cas de terrains vacants, même lorsque cela est possible, les pénalités fiscales peuvent ne pas être suffisantes pour inciter à construire dans la mesure où d'autres obstacles peuvent entraver le développement immobilier, comme la difficulté à obtenir un permis de construire ou le manque de financement pour la promotion immobilière. Pour s'attaquer à ces autres causes de la non-occupation des terrains, il faut d'autres interventions en matière de gouvernance foncière telles que l'amélioration des réglementations relatives à l'utilisation des sols afin d'encourager les aménagements intercalaires, l'amélioration de l'administration foncière afin de réduire les coûts associés à la cession des terrains et à la promotion immobilière, et l'amélioration de la planification foncière urbaine en général, notamment par une meilleure gestion des terrains domaniaux situés à des endroits prisés. D'autres interventions en dehors du secteur foncier pourraient également contribuer à réduire le nombre de terrains vacants. Par exemple, les politiques macroéconomiques qui stimulent le crédit, attirent les investissements ou offrent d'autres options d'épargne aux ménages sont de nature à encourager la construction et à décourager la spéculation foncière. Une approche combinant ces instruments fiscaux et réglementaires sera probablement plus efficace.

Pour améliorer l'accès des entreprises à la terre, il faudra également accroître l'offre de terres formelles et permettre aux marchés fonciers formels de fonctionner plus efficacement. Les pays de la région MENA ont adopté diverses approches pour faciliter l'accès à la terre dans des zones où les entreprises peuvent se regrouper. En Égypte, par exemple, le gouvernement encourage les zones industrielles depuis la fin des années 1980, avec des résultats nuancés. La création de zones industrielles sur des terrains domaniaux répond dans une certaine mesure aux difficultés des entreprises à accéder à des terrains formels d'une superficie suffisante à un coût raisonnable, mais une mise en œuvre plus réussie nécessitera de meilleurs emplacements (voir l'analyse du chapitre 4), une meilleure infrastructure de services et une meilleure gestion de ces zones, notamment au moyen de PPP. Au-delà de la mobilisation des terres pour les pôles économiques, les interventions visant à clarifier les droits de propriété et à simplifier les procédures d'administration foncière pour que les entreprises puissent accéder à la terre doivent rester une approche complémentaire prioritaire.

PROMOUVOIR L'ÉGALITÉ D'ACCÈS À LA TERRE POUR LES FEMMES ET LES GROUPES VULNÉRABLES

Si l'égalité des sexes en matière de droits fonciers est promue au niveau international et a inspiré des initiatives dans la région, il n'en demeure pas moins que les exemples restent limités. Depuis les années 1960, le renforcement des droits fonciers et des droits de propriété des femmes fait partie intégrante des efforts déployés par la communauté internationale pour réduire la pauvreté et autonomiser économiquement les femmes dans la région MENA (OHCHR et UN Women, 2013). En 2000, le Comité des droits de l'homme des Nations Unies a adopté l'observation générale n° 28 intitulée «Égalité des droits entre hommes et femmes». Un amendement à l'article 3 du Pacte international relatif aux droits civils et politiques de 1966 fait obligation aux États de garantir l'égalité des droits de succession des femmes (COHRE, 2006). La déclaration et le programme d'action de Beijing de 1995 lors de la quatrième conférence pour les femmes ont invité les États à «donner aux femmes un accès total et égal aux ressources économiques, y compris le droit à l'héritage et à la propriété des terres et des biens». Ces initiatives constituent l'ossature des efforts de réforme législative, notamment en Tunisie. En effet, en 2018, le président tunisien a proposé, sur recommandation du Comité de haut niveau pour les libertés individuelles et l'égalité (Colibe), un projet de loi établissant la parité entre les femmes et les hommes en matière d'héritage. Bien qu'approuvé par le Conseil des ministres en novembre 2018, ce projet s'est heurté à une forte opposition politique et n'a pas été promulgué sous forme de loi (Tanner, 2020).

Les pays ayant progressé ont agi sous la pression de la société civile, mais en procédant par étapes. Répondant aux appels de certains segments de la société civile, de nombreux pays ont adopté des mesures visant à garantir aux femmes un meilleur accès à la terre et des droits de propriété solides. Par exemple, en Tunisie, les débats sur la garantie de l'égalité dans la répartition des parts d'héritage ont été au premier plan des discussions civiles au cours des dix dernières années (Euro-Mediterranean Women's Foundation, 2018). En 2011, la Jordanie a introduit des amendements législatifs visant à instaurer un «délai de latence» de trois mois après l'enregistrement des parts d'héritage, pendant lequel la renonciation aux droits n'est pas autorisée (voir chapitre 3). En Égypte, à la suite d'une campagne massive menée pendant des années par des acteurs de la société civile, des tribunaux chargés des affaires familiales ont finalement été institués en 2004 pour offrir un guichet unique pour les questions familiales et les affaires de statut personnel, y compris les affaires de propriété et d'héritage (voir encadré 5.1). En 2005, l'Algérie a modifié son code des personnes et de la famille pour permettre aux femmes de conférer leur citoyenneté à leurs enfants, ce qui a eu des répercussions sur l'héritage des terres et des biens et sur l'accès au financement. Au Maroc, le mouvement Soulalyat a obtenu de nombreuses réformes législatives notables en faveur des femmes, comme la reconnaissance formelle des femmes en tant que bénéficiaires de compensations suite à un transfert de terres collectives (voir encadré 5.2). Enfin, en République islamique d'Iran, une interprétation dynamique de la loi par le Guide suprême de la révolution islamique en 2009 a permis de réformer le Code civil pour donner aux femmes le droit d'hériter des terres (voir encadré 5.3).

Encadré 5.1 Réforme des successions en République arabe d'Égypte

En décembre 2017, le parlement égyptien a pris l'initiative de soutenir le droit des femmes à l'héritage dans la région MENA. Il a ainsi approuvé deux amendements à la loi sur l'héritage (n° 77 de 1943) qui punissent ceux qui empêchent délibérément les héritiers (et, en particulier, les femmes) de recevoir leur part successorale. La sanction est un emprisonnement de six mois et une amende de 20 000 à 100 000 livres égyptiennes, soit de 1 200 à 6 000 dollars (ECWR, 2017). Ce changement positif découle d'une campagne de deux ans menée par le Conseil national des femmes, notamment par l'Union féministe égyptienne et l'Association New Woman, en vue de faire connaître leurs droits à 1,2 million de femmes rurales qui avaient été privées d'héritage. La campagne *Tareq al-Abwab* (porte-à-porte) s'inscrivait dans le cadre de la Stratégie nationale pour l'autonomisation des femmes égyptiennes à l'horizon 2030 lancée en 2017 par le Conseil national des femmes égyptiennes.

Source : OECD, ILO et CAWTAR (2020).

Encadré 5.2 Mobilisation des Soulalyat pour le foncier rural collectif au Maroc

Au Maroc, une mobilisation sociale sans précédent des femmes rurales — les Soulalyat — s'est organisée dans le but d'obtenir des droits égaux en matière d'héritage. Elle a abouti à la mise en place d'un programme visant à transférer légalement des terres collectives aux femmes. Avant 2007, les terres collectives appartenaient aux groupes de parenté et ne pouvaient donc pas être vendues. Le droit d'utiliser ces terres pour l'agriculture et de percevoir des revenus tirés de leur exploitation était toutefois traditionnellement transféré de père en fils. Comme 42 % des terres du Maroc — 12 millions d'hectares — étaient à l'époque régies par le droit coutumier, cette pratique avait un poids économique important. La gouvernance genrée des terres collectives excluait les femmes des indemnisations, et les veuves et les femmes célibataires étaient particulièrement vulnérables.

Il a fallu plusieurs années de campagnes éducatives et de manifestations dans des régions telles que Rabat et Kenitra, ainsi que le soutien de l'Association démocratique des femmes marocaines, pour faire évoluer l'opinion publique sur les droits de succession des femmes. En 2009, le gouvernement a adopté deux circulaires permettant de considérer les femmes comme bénéficiaires de terres collectives. En 2012, les droits des femmes à la propriété foncière ont été étendus aux terres non cédées. Enfin, en août 2019, la loi 62-17 a été adoptée pour traiter des terres appartenant aux «communautés ethniques». Cette nouvelle loi a confirmé les droits des femmes à bénéficier de leurs terres ancestrales aux côtés des hommes. L'adoption de cette loi a marqué une étape importante dans la lutte pour l'égalité des sexes en matière de droits fonciers qui a duré plus d'une décennie. Jusqu'à présent, seuls 128 hectares ont été distribués à 867 femmes, qui ont depuis gardé le contrôle de leur terre.

Sources : El Kirat el Allame (2020); Naciri (2020).

Encadré 5.3 Réforme des successions en République islamique d'Iran

En mai 2009, le parlement iranien a modifié l'article 949 du Code civil pour donner aux femmes le droit d'hériter la terre et a supprimé les limites à la proportion de biens meubles dont une femme pouvait hériter. Jusqu'en 2009, les femmes héritières pouvaient être indemnisées pour la valeur des « terres et des arbres », mais ne pouvaient pas hériter les terres elles-mêmes — une disposition initialement destinée à maintenir les terres au sein des familles en cas de remariage des mères. En raison de l'opposition de chefs religieux qui jugeaient l'amendement incompatible avec l'islam, le parlement iranien n'a adopté la nouvelle loi qu'après que le Conseil des gardiens de la révolution islamique a demandé un avis religieux (*fatwa*) au Guide suprême de la révolution islamique. Parce qu'il était favorable à cette nouvelle interprétation dynamique (*ijtihad*) de la loi, l'Ayatollah Khamenei a fait passer la *fatwa*, et le parlement a pu approuver l'amendement demandé par la société civile.

Source : Bibliothèque du Congrès des États-Unis, «Iran : New Women's Inheritance Law Is Enforced,» https://www.loc.gov/item/global-legal-monitor/2009-05-15/iran-new-womens-inheritance-law-is-enforced/#:~:text=%28May%2015%2C%202009%29%20The%20Iranian%20government%20has%20begun,to%20inherit%20all%20forms%20of%20their%20husband%27s%20property.

Les politiques visant à réduire l'écart entre les sexes en matière d'accès à la terre peuvent jouer un rôle important dans la lutte contre les déséquilibres systémiques plus larges entre hommes et femmes dans la région MENA. Cependant, bien que des initiatives abouties de changement et de réforme des politiques aient vu le jour dans toute la région, elles sont souvent promues par de petits segments de la société civile ou par un sous-ensemble d'acteurs gouvernementaux et manquent généralement de soutien de la part des autres segments de la société. En fait, dans la plupart des pays, la majorité de la société civile est en faveur de l'application de la loi islamique, qui est perçue comme apporter un soutien aux femmes et à leurs droits. Par conséquent, la plupart des militants doivent travailler avec les autorités religieuses pour appliquer la loi islamique en matière d'héritage.

En outre, les réformes sont souvent subordonnées aux recommandations émises par la Charte arabe des droits de l'homme (approuvée par la Ligue arabe en 1994), qui protège les droits à l'égalité pour tous «dans le cadre de la discrimination positive établie en faveur des femmes par la loi islamique» (COHRE, 2006). Selon le Comité pour l'élimination de la discrimination à l'égard des femmes, pour avancer, il sera nécessaire de «mettre en place, sans délai, une stratégie globale visant à modifier ou à éliminer les attitudes patriarcales et les stéréotypes discriminatoires à l'égard des femmes. Ces mesures devraient inclure des efforts, en collaboration avec la société civile et les dirigeants communautaires et religieux, pour éduquer et sensibiliser à l'égalité substantielle des femmes et des hommes et devraient cibler les femmes et les hommes à tous les niveaux de la société» (CEDAW, 2017). Des politiques telles que celles mises en œuvre au Maroc et en Jordanie, qui s'attaquent directement aux disparités en matière d'héritage des terres et des biens, pourraient être reproduites dans les pays de la région afin d'améliorer l'accès équitable à la terre. En raison de l'opposition à de telles réformes, une autre formule consiste à utiliser les politiques foncières pour réduire les inégalités entre les sexes, même si cela ne règle pas directement l'inégalité d'accès à la terre. Par exemple, une approche pourrait être de taxer les bénéficiaires masculins de la renonciation des femmes à la terre afin de financer des initiatives favorisant l'autonomisation des femmes (par le biais, par exemple, de l'accès à l'éducation et à la santé).

ANNEXE 5A : TAXONOMIE DES PAYS DE LA RÉGION MENA — PROBLÈMES FONCIERS

L'analyse présentée dans ce rapport a révélé que les pays MENA ont à la fois des points communs et des différences en fonction de leurs contextes économiques, institutionnels, géographiques et démographiques. Ces dimensions peuvent être prises en comptes pour chaque pays en appliquant les indicateurs pertinents suivants : la richesse nationale (mesurée par le produit intérieur brut par habitant), la qualité des institutions foncières (mesurée par l'indicateur *Doing Business* de Qualité de l'administration foncière), l'écart entre les sexes (mesuré par l'indice d'inégalité de genre du PNUD), la pression démographique (mesurée par le pourcentage d'augmentation de la population prévu à l'horizon 2050), et la rareté des terres (mesurée par la superficie de terres cultivées par habitant vue de l'espace et indiquée dans les données MODIS sur la couverture terrestre, ainsi que par la quantité de prairies par habitant qui pourraient être convertie à l'agriculture pluviale). Le tableau 5A.1 présente les valeurs de ces indicateurs pour les différents pays.

Tableau 5A.1 Sélection d'indicateurs, région MENA

Pays/ économie	PIB par habitant (USD)	Qualité de l'administration foncière	Indice d'inégalité de genre	Croissance démographique projetée d'ici 2050 (%)	Terres cultivées par habitant (ha)	Terres non cultivées par habitant adaptées pour l'agriculture pluviale (ha)
Algérie	4 154	7,5	0,443	32,5	0,145	0,047
Bahreïn	23 991	19,5	0,207	37,1	0,000	0,000
Djibouti	3 142	7,0	0,421	30,8	0,000	0,000
Égypte, Rép. arabe d'	2 537	9,0	0,450	49,0	0,033	0,000
Iran, Rép. islamique d'	3 598	16,0	0,492	11,9	0,087	0,018
Iraq	5 523	10,5	0,540	96,3	0,115	0,019
Israël	41 705	22,5	0,100	44,3	0,059	0,023
Jordanie	4 308	22,5	0,469	39,0	0,026	0,001
Koweït	33 399	18,5	0,245	31,2	0,000	0,000
Liban	8 013	16,0	0,362	–10,1	0,029	0,011
Libye	7 877	7,0	0,172	21,9	0,175	0,007
Malte	30 672	12,5	0,195	–3,5	0,000	0,005
Maroc	3 227	17,0	0,492	23,2	0,223	0,029
Oman	16 521	17,0	0,304	31,2	0,004	0000
Qatar	65 908	26,0	0,202	35,2	0,000	0,000

(le tableau continue à la page suivante)

Tableau 5A.1 Sélection d'indicateurs, région MENA *(suite)*

Pays/ économie	PIB par habitant (USD)	Qualité de l'administration foncière	Indice d'inégalité de genre	Croissance démographique projetée d'ici 2050 (%)	Terres cultivées par habitant (ha)	Terres non cultivées par habitant adaptées pour l'agriculture pluviale (ha)
Arabie Saoudite	23 337	14,0	0,224	29,8	0,011	0,000
République arabe syrienne	2 378	8,5	0,547	79,8	0,219	0,025
Tunisie	3 439	13,5	0,300	16,6	0,226	0,012
Émirats arabes unis	43 839	21,0	0,113	34,1	0,000	0,000
Cisjordanie et Gaza	3 562	13,5	0,457	82,3	0,038	0,016
Yémen, Rép. du	824	7,0	0,834	59,7	0,011	0,000
Moyenne des pays de la région MENA	*15 807*	*14,6*	*0,360*	*36,8*	*0,067*	*0,010*
Écart-type	*17 552*	*5,6*	*0,175*	*25,5*	*0,080*	*0,013*

Sources : Banque mondiale, base de données des indicateurs du développement dans le monde, https://databank.worldbank .org/source/world-development-indicators ; base de données *Doing Business 2004–2020* de la Banque mondiale, https://archive .doingbusiness.org/en/doingbusiness ; PNUD, Rapports sur le développement humain, tableau de bord de l'Indice d'inégalité de genre (IIG), https://hdr.undp.org/en/content/gender-inequality-index-gii ; Nations unies, Département des affaires économiques et sociales, World Urbanization Prospects 2018 (tableau de bord), https://population.un.org/wup/ ; MODIS Land Cover Type (MCD12Q1) version 6, https://lpdaac.usgs.gov/products/mcd12q1v006/ ; FAO, GAEZ-FAO V4.0, https://gaez.fao.org.

Note : Le PIB par habitant est exprimé en dollars courants de 2018. En l'absence de données pour la Syrie depuis 2007, c'est le PIB nominal syrien par habitant de 2007 converti en dollars de 2018 qui est utilisé. Dans l'ensemble de données du rapport *Doing Business 2020*, la Libye est notée « Pas de pratique » pour la qualité de son administration foncière. Son score a été reconstitué en lui attribuant un score de 7, ce qui correspond au score le plus bas de l'échantillon et est égal à celui de Djibouti ou de la République du Yémen. La valeur de l'indice d'inégalité de genre 2020 pour la Cisjordanie et Gaza étant manquante, elle a été reconstituée en appliquant la méthodologie décrite dans les notes techniques jointes au *Rapport sur le développement humain 2020*, en utilisant les données brutes du tableau 5 de l'annexe statistique du *Rapport sur le développement humain* et en utilisant la proportion de femmes siégeant au parlement qui est de 12,9 %. La valeur de l'indice d'inégalité de genre pour Djibouti a également été reconstituée en utilisant le taux d'achèvement du premier cycle de l'enseignement secondaire par sexe pour 2006 — la seule année pour laquelle ces données sont disponibles — au lieu du pourcentage de la population ayant au moins un niveau d'enseignement secondaire par sexe, qui est utilisé pour calculer l'indicateur pour les autres pays, mais n'est pas disponible pour Djibouti. L'estimation des terres cultivées par habitant et des terres non cultivées par habitant adaptées à l'agriculture pluviale est décrite à l'annexe 1A. ha = hectares.

Une taxonomie des pays de la région MENA selon ces indicateurs a été obtenue en procédant à une analyse en composantes principales à partir des données du tableau 5A.1. L'analyse a débouché sur la sélection de deux composantes représentant 70 % de la variance des données[22]. Une rotation Varimax a été effectuée pour faciliter l'interprétation des composantes, et les saturations des deux composantes après rotation sur les six variables sont présentés dans le tableau 5A.2. En conservant les saturations supérieures à 0,3 pour l'interprétation, il se dégage une lecture claire de chaque composante. En chargeant négativement le PIB par habitant et la Qualité de l'administration foncière et en chargeant positivement l'indice d'inégalité de genre, la composante 1 distingue les pays plus pauvres ayant une gouvernance plus faible des pays plus riches ayant une gouvernance plus forte. Avec une saturation positive sur les prédictions de croissance démographique, la composante 1 peut donc être interprétée comme mesurant la faiblesse de la gouvernance et la pression démographique. Avec des saturations positives importantes pour les terres cultivées par habitant et les terres non cultivées par habitant adaptées à l'agriculture pluviale, la composante 2 mesure clairement la disponibilité des terres agricoles — une mesure inverse de la rareté des terres. La figure 5.1 présentée plus haut dans ce chapitre montre les scores des pays sur ces deux composantes et constitue la base de la typologie[23].

Tableau 5A.2 Saturations des composantes

Indicateur	Composante 1 « Faible gouvernance et pression démographique »	Composante 2 « Disponibilité des terres pour l'agriculture pluviale »	Part de variation inexpliquée
PIB par habitant	**−0,501**	−0,161	0,22
Qualité de l'administration foncière	**−0,477**	−0,087	0,37
Indice d'inégalité de genre	**0,595**	−0,085	0,21
Prédiction de croissance démographique d'ici 2050	**0,409**	−0,175	0,65
Terres cultivées par habitant	0,024	**0,683**	0,15
Terres non cultivées par habitant adaptées à l'agriculture pluviale	−0,024	**0,680**	0,22

Source : Banque mondiale. Voir le tableau 5A.1 pour les sources de données.
Note : Les chargements supérieurs à 0,3 en valeur absolue sont indiqués en caractères gras et utilisés pour l'interprétation des composantes.

NOTES

1. Base de données *Doing Business 2004–2020* de la Banque mondiale, https://archive.doingbusiness.org/en /doingbusiness ; PNUD, Rapports sur le développement humain, Indice d'inégalité de genre (IIG) (tableau de bord), https://hdr.undp.org/en/content/gender-inequality-index-gii ; Nations unies, Département des affaires économiques et sociales, World Urbanization Prospects 2018 (tableau de bord), https://population.un.org /wup/.

2. MODIS Land Cover Type (MCD12Q1) version 6, https://lpdaac.usgs.gov/products/mcd12q1v006/ ; Organisation des Nations Unies pour l'alimentation et l'agriculture, Zones agroécologiques mondiales de la FAO (GAEZ) V4.0, https://gaez.fao.org/. Voir l'annexe 1A pour des explications sur la façon dont le reste des terres cultivables a été mesuré.

3. Plus de 800 000 titres ont été enregistrés. Ils couvrent 13 % du territoire utilisé, le reste étant des terres désertiques.

4. Décision du Cabinet n° 01/171/2017.

5. Base de données *Doing Business 2004-2020* de la Banque mondiale, https://archive.doingbusiness.org/en /doingbusiness.

6. En 2002, le Maroc a également établi une agence unique chargée de l'enregistrement, du cadastre et de la cartographie (Agence nationale de la conservation foncière, du cadastre et de la cartographie). De même,

et pour faire face à l'urbanisation rapide peu après la découverte du pétrole, Oman a rapidement mis en place des procédures d'administration des terres en 1972 et a délégué l'entière responsabilité de la gestion de ses terres au ministère des Affaires foncières (aujourd'hui ministère du Logement et du Développement urbain).

7. Loi 196/2008.

8. Loi 222 de 1955 relative à la redevance pour travaux d'amélioration (*Betterment Levy Law*).

9. Bien que cela ne soit pas mentionné expressément, la récupération des terres en Égypte est également un moyen de générer des revenus par la vente de terres domaniales.

10. L'impact sur l'eau est particulièrement préoccupant en raison de la demande accrue de pour l'eau du Nil et les eaux souterraines (Switzman, Coulibaly et Adeel, 2015).

11. Les pays de la région MENA devraient importer jusqu'à 60-70 % de leurs denrées alimentaires d'ici 2050 (voir Le Mouël et Schmitt, 2018).

12. Dans la région MENA, la diminution du volume d'eau disponible (principalement à cause de l'agriculture) est extrêmement forte. Alors que la disponibilité de l'eau douce était de 4 000 m³ par habitant en 1950, elle devrait tomber à 200 m³ par habitant dans deux tiers des pays de la région d'ici 2040-2050 (Antonelli et Tamea, 2015).

13. Le Mouël et Schmitt (2018) prévoient que la moitié des terres cultivables du Maghreb disparaîtront d'ici 2040-2050 et que, dans le même temps, 70 % de la consommation alimentaire des pays du Maghreb proviendra des importations.

14. Par exemple, une étude a révélé que des importations annuelles de 8,3 millions de tonnes de blé par l'Égypte ont contribué à « économiser » 1,3 million d'hectares de terres et 7,5 milliards de mètres cubes d'eau d'irrigation sur la période 2000-2012.

15. Environ un tiers de toute la nourriture produite dans la région du Proche-Orient et de l'Afrique du Nord (NENA) (qui comprend le Soudan et la Mauritanie) est perdu ou gaspillé chaque année (FAO, 2017).

16. En modernisant, par exemple, les installations de stockage des céréales ou les chaînes du froid pour les produits périssables.

17. L'Arabie saoudite s'était engagée dans la production de blé à grande échelle pour atteindre son objectif d'autosuffisance et diversifier ses sources de revenus hors pétrole en exportant du blé (une stratégie poursuivie dans les années 1990 lorsque le prix du pétrole était bas). Cette production était organisée par une agence d'État jusqu'en 2016. En 2008, après une décennie de hausse des cours du pétrole, le pays a inversé sa politique en interdisant progressivement la production pour préserver l'eau. L'interdiction, qui s'est accompagnée d'une indemnisation des agriculteurs financée par les recettes pétrolières, prévoyait l'abandon progressif de la production nationale de blé d'ici 2016, la suppression des droits d'importation sur les céréales, les aliments pour animaux et la farine de blé, ainsi que la réduction du tarif général sur les denrées alimentaires de 75 % à 5 % (Napoli et al., 2016).

18. Voir, en particulier, *Principles for Responsible Agricultural Investment that Respects Rights, Livelihoods and Resources* (FAO et al., 2010) ; *Voluntary Guidelines on the Responsible Governance of Tenure of Land, Fisheries and Forests in the Context of National Food Security* (FAO, 2012) ; *Principles for Responsible Investments in Agriculture and Food Systems* (FAO, 2014).

19. La récupération des terres a commencé en Égypte dans les années 1930. Au cours des années 1980 et 1990, elle a entraîné le détournement des eaux du Nil dans la péninsule du Sinaï, réduisant ainsi l'eau disponible pour les agriculteurs du delta du Nil (Wichelns, 2002).

20. Pour encourager le remembrement des terres, le gouvernement finance les études nécessaires, notamment la conception du remembrement, ainsi que le nivellement des terres et des infrastructures telles que les routes et les réseaux d'irrigation.

21. Loi 34 de 1978, qui a été jugée anticonstitutionnelle par la Cour suprême en 1993.

22. Les composantes sont des combinaisons linéaires de variables (en l'espèce, les six indicateurs du tableau 5A.1) qui sont choisies de manière optimale pour expliquer la variation maximale dans les données.

23. Des tests de robustesse ont été réalisés en effectuant des analyses en composantes principales à l'aide d'autres variables corrélées avec la sélection de variables (en utilisant le score pour les droits de propriété de l'indice de transformation Bertelsmann au lieu du score de la Qualité de l'administration foncière du *Doing Business*). Ce processus a produit des résultats très similaires en termes d'interprétation des composantes et de regroupement des pays.

RÉFÉRENCES BIBLIOGRAPHIQUES

Abdelkader, A., A. Elshorbagy, M. Tuninetti, F. Laio, L. F. G. G. M. Ridolfi, H. Fahmy, and A. Y. Hoekstra. 2018. "National Water, Food, and Trade Modeling Framework: The Case of Egypt." *Science of the Total Environment* 639: 485–96.

Abdollahzadeh, G., K. Kalantari, A. Sharifzadeh, and A. Sehat. 2012. "Farmland Fragmentation and Consolidation Issues in Iran: An Investigation from Landholder's Viewpoint." *Journal of Agricultural Science and Technology* 14 (7): 1441–52.

Abubakar, I. R., and U. L. Dano. 2020. "Sustainable Urban Planning Strategies for Mitigating Climate Change in Saudi Arabia." *Environment, Development and Sustainability* 22 (6): 5129–52.

Al Naber, M., and F. Molle. 2016. "The Politics of Accessing Desert Land in Jordan." *Land Use Policy* 59: 492–503.

Antonelli, M., and S. Tamea. 2015. "Food-Water Security and Virtual Water Trade in the Middle East and North Africa." *International Journal of Water Resources Development* 31 (3): 326–42.

Arezki, M. R., M. C. Bogmans, and M. H. Selod. 2018. "The Globalization of Farmland: Theory and Empirical Evidence." Policy Research Working Paper 8456, World Bank, Washington, DC.

CEDAW (Committee on the Elimination of Discrimination against Women). 2017. "Concluding Observations on the Sixth Periodic Report of Jordan." Office of the United Nations High Commissioner on Human Rights, Geneva. https://www.refworld.org/docid/596f495b4.html.

COHRE (Centre on Housing Rights and Evictions). 2006. "In Search of Equality: A Survey of Law and Practice Related to Women's Inheritance Rights in the Middle East and North Africa (MENA) Region." COHRE, Geneva.

ECWR (Egyptian Center for Women's Rights). 2017. "ECWR Welcomes the Amendment of the Inheritance Law." November 27, 2017. http://ecwronline.org/?p=7509.

El Kirat el Allame, Y. 2020. "Gender Matters: Women as Actors of Change and Sustainable Development in Morocco." In *Women's Grassroots Mobilization in the MENA Region Post-2011*, edited by K. P. Norman. Baker Institute for Public Policy, Rice University, Houston, TX.

Euro-Mediterranean Women's Foundation. 2018. *Report of the Committee on Personal Freedoms and Equality*. Barcelona: Committee on Personal Freedoms and Equality (Colibe).

FAO (Food and Agriculture Organization). 2012. *Voluntary Guidelines on the Responsible Governance of Tenure of Land, Fisheries and Forests in the Context of National Food Security*. Rome : FAO.

FAO (Food and Agriculture Organization). 2014. *Principles for Responsible Investment in Agriculture and Food Systems*. Rome : FAO.

FAO (Food and Agriculture Organization). 2017. *Near East and North Africa Regional Overview of Food Insecurity 2016*. Cairo: FAO.

FAO (Food and Agriculture Organization), IFAD (International Fund for Agricultural Development), UNCTAD (United Nations Conference on Trade and Development), and World Bank Group. 2010. *Principles for Responsible Agricultural Investment that Respects Rights, Livelihoods, and Resources*. Washington, DC : World Bank.

Jägerskog, A., and K. Kim. 2016. "Land Acquisition : A Means to Mitigate Water Scarcity and Reduce Conflict?" *Hydrological Sciences Journal* 61 (7) : 1338–45.

Le Mouël, C., and B. Schmitt, eds. 2018. *Food Dependency in the Middle East and North Africa Region: Retrospective Analysis and Projections to 2050*. New York: Springer.

Naciri, R. 2020. "The Moroccan Soulalyat Movement: A Story of Exclusion and Empowerment." In *Women's Grassroots Mobilization in the MENA Region Post-2011*, edited by K. P. Norman. Baker Institute for Public Policy, Rice University, Houston, TX.

Napoli, C., B. Wise, D. Wogan, and L. Yaseen. 2016. "Policy Options for Reducing Water for Agriculture in Saudi Arabia." KASPARC Discussion Paper KS-1630-DP024A, King Abdullah Petroleum Studies and Research Center, Riyadh, Saudi Arabia.

OECD (Organisation for Economic Co-operation and Development). No date. "Public-Private Partnerships in the Middle East and North Africa: A Handbook for Policy Makers." OECD, Paris.

OECD (Organisation for Economic Co-operation and Development), ILO (International Labour Organization), and CAWTAR (Centre of Arab Women for Training and Research). 2020. *Changing Laws and Breaking Barriers for Women's Economic Empowerment in Egypt, Jordan, Morocco and Tunisia*. Paris : OECD Publishing. https://doi.org/10.1787/ac780735-en.

OHCHR (Office of the High Commissioner for Human Rights) and UN Women. 2013. *Realizing Women's Rights to Land and Other Productive Resources*. New York: United Nations.

Shetty, S. 2006. *Water, Food Security and Agricultural Policy in the Middle East and North Africa Region*. Washington, DC : World Bank.

Switzman, H., P. Coulibaly, and Z. Adeel. 2015. "Modeling the Impacts of Dryland Agricultural Reclamation on Groundwater Resources in Northern Egypt Using Sparse Data." *Journal of Hydrology* 520: 420–38.

Tanner, V. 2020. «Developing Alternatives. Strengthening Women's Control over Land: Inheritance Reform in Tunisia.» DAI, Bethesda, MD. https://dai-global-developments.com/articles/strengthening-womens-control-over-land-inheritance-reform-in-tunisia.

USAID (US Agency for International Development). 2018. "USAID Country Profile—Property Rights and Resource Governance—Jordan." https://www.land-links.org/wp-content/uploads/2018/06/USAID_Land_Tenure_Profile_Jordan.pdf.

Varis, O., and K. Abu-Zeid. 2009. "Socio-economic and Environmental Aspects of Water Management in the 21st Century: Trends, Challenges and Prospects for the MENA Region." *International Journal of Water Resources Development* 25 (3): 507–22.

Wichelns, D. 2002. "An Economic Perspective on the Potential Gains from Improvements in Irrigation Water Management." *Agricultural Water Management* 52 (3) : 233–48.

World Bank. 2006a. *Egypt Public Land Management Strategy. Volume I : Policy Note*. Washington, DC : World Bank.

World Bank. 2006b. *Egypt Public Land Management Strategy. Volume II: Background Notes on Access to Public Land by Investment Sector: Industry, Tourism, Agriculture and Real Estate Development*. Washington, DC : World Bank.

World Bank. 2018. "Jordan Housing Sector Review." World Bank, Washington, DC.

World Bank. À paraître. *Economics of Water Scarcity in MENA: Institutional Solutions*. Washington, DC : World Bank.

Conclusion et priorités en matière de réforme

Dans la région MENA, la terre, qui est un bien économique essentiel, est non seulement rare, mais elle est également soumise à des pressions liées à l'accroissement de la population, à l'expansion urbaine et aux effets du changement climatique et des conflits. Non seulement les faiblesses en matière de gouvernance foncière empêchent que le terre soit utilisée efficacement, mais elles génèrent également des coûts et freinent la croissance économique. En outre, elles empêchent la prise de décisions stratégiques concernant les choix nécessaires pour assurer une utilisation durable des terres tout en répondant aux besoins de la population tels que le logement et la sécurité alimentaire. Les inégalités économiques et sociales actuelles transparaissent dans les difficultés persistantes que rencontrent les femmes et les groupes vulnérables pour accéder à la terre.

Un domaine d'intervention prioritaire consiste à moderniser l'administration foncière, notamment grâce à la numérisation et à l'amélioration de la transparence de l'information sur les terres. La technologie est importante en raison des perspectives de transformation numérique et des possibilités qu'elle offre pour la définition de solutions d'un bon rapport coût-efficacité, la production et le partage de données, la prestation de services et la transparence, bref tout ce qui fait cruellement défaut dans la région. De plus, alors que les gouvernements de la région MENA envisagent d'adopter de nouvelles technologies — telles que des applications liées aux projets de villes intelligentes et l'Internet des objets — pour fournir à leurs citoyens et à leurs entreprises de meilleurs services et infrastructures, ils devront garder à l'esprit que des informations géospatiales précises et fiables seront la pierre angulaire de toute initiative réussie. Des registres textuels et cadastraux complets, ainsi que des cadres juridiques et institutionnels exhaustifs qui favorisent la sécurité foncière, aideront les responsables gouvernementaux et les principales parties concernées à prendre des décisions éclairées concernant les initiatives de villes intelligentes telles que la mise en place de pôles d'innovation commerciale ou de corridors de transport verts, tout en veillant à ce que les droits des propriétaires fonciers soient protégés. Toutefois, si les problèmes d'insécurité foncière ne sont pas résolus, la possibilité de générer les informations géospatiales fondamentales pour de telles initiatives ainsi que les avantages pour les citoyens et les entreprises de la région seront très limités.

Les réformes nécessaires dans le secteur foncier ne concernent pas seulement l'administration et la gouvernance foncières. Elles devraient également porter sur les questions relatives à la durabilité, à l'utilisation stratégique des actifs fonciers et à l'accès aux terres pour les groupes vulnérables. Dans une certaine mesure, toutes ces interventions ont des effets redistributifs, avec des gagnants et des perdants potentiels. Mais parfois, ce sont les institutions elles-mêmes qui s'opposent aux réformes liées à la terre, craignant de perdre leur pouvoir et leur influence (ce qui implique, dans certains cas, la perte de rentes, mais aussi des pertes d'emplois). Dans le même temps, des recherches ont révélé que des intérêts particuliers peuvent empêcher les réformes et que le pouvoir politique en place détermine le type des réformes entreprises. Dans le même ordre d'idées, des chercheurs qui ont étudié plus de 300 réformes foncières depuis 1900 ont constaté que les démocraties ont tendance à privilégier des mesures favorables aux pauvres et à la réduction des inégalités (Bhattacharya, Mitra et Ulubaşoğlu, 2019). Les gouvernements peuvent toutefois avoir du mal à entreprendre des réformes qui menacent l'intérêt des élites. En fait, une autre étude mondiale portant sur les réformes foncières a révélé que depuis 1945, l'expropriation par l'État des biens des élites risquait de précipiter l'échec d'un régime (Hartnett, 2018). Des réformes pourtant moins spectaculaires restent indéfiniment à l'étude et ne sont pas validées par les autorités.

Toutefois, il ne suffit pas de moderniser l'administration foncière. Il est urgent de combler le déficit de données pour améliorer la gouvernance foncière. Des données foncières sont également nécessaires pour assurer la résilience aux chocs (économiques, naturels, sanitaires, liés aux conflits) et pour faciliter la reconstruction, notamment en répondant aux besoins des réfugiés concernant leurs droits au logement, à la terre et à la propriété.

Les récentes crises de santé publique et les derniers conflits violents ont exacerbé les vulnérabilités découlant de la faiblesse des droits fonciers. Leurs effets disproportionnés sur les femmes et les groupes vulnérables sous la forme de difficultés économiques, mais aussi d'une plus grande insécurité foncière, soulignent davantage l'urgente nécessité de faire en sorte que ces couches de la population ne soient pas exclues du secteur foncier. Ces effets ont aussi mis en lumière le rôle que le secteur foncier peut jouer dans la reprise, car le foncier est un levier qui peut offrir des possibilités de générer des revenus dans un contexte de marge budgétaire étroite.

Enfin, le rapport met en avant la nécessité pour les pays de la région d'aborder la terre d'une manière plus globale et de réévaluer les compromis stratégiques impliquant l'utilisation des terres tout en réduisant au minimum les distorsions liées au foncier. Quatre grandes leçons se dégagent du rapport. Premièrement, les politiques foncières doivent être exhaustives, pas seulement sectorielles, et tenir compte des principes du marché et de considérations liées à l'économie et à la durabilité. Deuxièmement, les arbitrages stratégiques entre les questions d'autonomie alimentaire, d'efficacité économique, d'équité sociale et de soutenabilité ne peuvent être évités, mais ils doivent être dûment pris en compte dans la conception des politiques et stratégies foncières dans le contexte du changement climatique, de la croissance démographique et des nombreux défis auxquels sont confrontées les économies de la région (comme le chômage, les disparités entre femmes et hommes, les inégalités économiques et l'obsolescence du modèle de rente tirée de l'exploitation des ressources naturelles). Troisièmement, bien que l'utilisation des terres pour remplir le contrat social concoure peut-être à des objectifs sociaux louables, elle a généré des problèmes de gouvernance foncière et semble être un optimum de second rang inefficace (et insatisfaisant) pour s'attaquer aux problèmes plus fondamentaux d'absence de redistribution et d'inclusion économiques. Et quatrièmement, bien que les progrès en matière de gouvernance foncière soient indéniables dans certains pays et pour certains aspects du secteur foncier, il est nécessaire de définir clairement des options de réforme et des stratégies pour éliminer les obstacles qui empêchent systématiquement les réformes.

RÉFÉRENCES BIBLIOGRAPHIQUES

Bhattacharya, P. S., D. Mitra, and M. A. Ulubaşoğlu. 2019. "The Political Economy of Land Reform Enactments: New Cross-National Evidence (1900–2010)." *Journal of Development Economics* 139: 50–68.

Hartnett, A. S. 2018. "Land Reform and Regime Survival in the Middle East and North Africa." Draft prepared for AALIMS-Princeton Conference on the Political Economy of the Muslim World, Princeton University, Princeton, NJ. https://aalims.org/uploads/Hartnett_Land%20Reform%20and%20Regime%20Survival%20in%20MENA_Aalims.pdf.